素养导向的
小初衔接语文教学

刘敏 著

图书在版编目（CIP）数据

素养导向的小初衔接语文教学/刘敏著. -- 广州：华南理工大学出版社，2024.12. -- ISBN 978-7-5623-7883-9

Ⅰ.G623.202

中国国家版本馆 CIP 数据核字第 202468RJ52 号

Suyang Daoxiang De Xiaochu Xianjie Yuwen Jiaoxue
素养导向的小初衔接语文教学
刘　敏　著

出 版 人：	房俊东
出版发行：	华南理工大学出版社
	（广州五山华南理工大学17号楼，邮编510640）
	http://hg.cb.scut.edu.cn　E-mail：scutc13@scut.edu.cn
	营销部电话：020-87113487　87111048（传真）
责任编辑：	黄冰莹
责任校对：	李　桢
印 刷 者：	广东虎彩云印刷有限公司
开　　本：	787mm×960mm　1/16　印张：10.75　字数：215千
版　　次：	2024年12月第1版　印次：2024年12月第1次印刷
定　　价：	49.00元

版权所有　盗版必究　　印装差错　负责调换

前 言

在当前教育改革的浪潮中,素养导向的教育理念已成为引领基础教育发展的重要方向。特别是针对小初衔接这一关键教育阶段,如何有效开展语文深度教学,促进学生核心素养的全面提升,成为亟待解决的重要课题。2020年起,笔者课题组就该问题进行了研究,课题"素养导向下基于小初衔接的语文深度阅读教学研究"应运而生。

同时,广州市教育局《关于进一步加强义务教育考试管理的政策导向》也明确指出了考试应成为诊断学情教情、指导教学改革、评估教学质量的重要手段。在此背景下,深化语文深度教学,尤其是在小初衔接阶段,对于提升学生的阅读理解能力、批判性思维、审美创造能力以及文化素养具有不可估量的价值。

在研究中,笔者还发现小初衔接不仅是学生学习阶段的自然过渡,更是学生认知发展、学习习惯养成的关键时期。此阶段语文深度阅读教学的有效实施,不仅能够为学生未来的学习奠定坚实的基础,还能够有效促进其核心素养的全面发展。然而,现实教学中,语文教学往往局限于浅层次的理解和记忆,缺乏对学生深度阅读和批判性思维的培养,难以满足学生核心素养提升的需求。这与国家培养创新人才的目标相距甚远,尤其是距离国家《"十四五"教育发展大纲》的要求差别较大。所以实施小初衔接阶段的深度教学,以满足学生的素养发展势在必行。

根据儿童发展的心理学理论,结合中国传统教育观,我们认为,十二岁左右的儿童心理趋于成熟,学习能力处于最强的阶段,此阶段的学习应以认知为导向,在实践中培养学生的操作能力,因此本书提供给教师的教育教学方法是理论探讨与实践案例相结合的方式。理论篇深入挖掘核心素养理念与语文深度教学的内在联系,明确深度教学的目标、原则和方法;实践篇则通过多元化的教学范式和丰富的教学案例,展示如何在具体教学实践中落实这些理念，以实现学生核心素养的全面提升。

本书写作的目的不仅在于为小初衔接阶段的语文教师提供一套行之有效的教学策略，更在于为推动教育领域对语文教学的重新审视和深度改革尽微薄之力。我们相信，本书的出版能够有效为小初衔接阶段的语文教学注入新的活力，激发学生学习语文的兴趣，培养其深度阅读能力、批判性思维和审美创造能力，为学生的全面发展提供参考。

此外，也期待教育同仁指正本书不当之处，共同探索适合中国学生特点的语文深度教学模式，为提升我国基础教育质量贡献智慧和力量。在素养导向的教育理念引领下，让我们携手并进，共创语文深度教学的美好未来。书中不足之处，敬请读者批评指正。

作者
2024.12

目 录

第一部分 理论篇

第一章 素养导向的小初衔接语文教学概述 ·················· 2
    一、核心素养的内涵、意义 ·················· 2
    二、小初衔接阶段语文教学的特点与挑战 ·················· 2
    三、小初衔接语文教学与核心素养的关联 ·················· 6

第二章 素养导向的小初衔接语文教学原则 ·················· 7
    一、学生主体性原则 ·················· 7
    二、语言实践性原则 ·················· 8
    三、文化熏陶性原则 ·················· 9
    四、思维创新性原则 ·················· 10

第三章 素养导向的小初衔接语文教学策略 ·················· 11
    一、革新课标认知,深化衔接意识 ·················· 11
    二、遵循教育规律,建立协同机制 ·················· 11
    三、对比课标与教材,寻找衔接要点 ·················· 12
    四、结合语文教学,探寻教学策略 ·················· 15

第四章 素养导向的小初衔接语文教学方法 ·················· 18
    一、情境教学法 ·················· 18
    二、任务型教学法 ·················· 19
    三、合作学习法 ·················· 22
    四、跨学科整合法 ·················· 24

第五章 素养导向的小初衔接语文读写结合教学 ·················· 27
    一、小初衔接语文读写结合教学概述 ·················· 27
    二、小初衔接语文读写结合教学要点 ·················· 27
    三、小初衔接语文读写结合教学措施 ·················· 28

第六章　素养导向的小初衔接高质量备课路径　33
　　一、高质量备课的概述　33
　　二、高质量备课的核心要素　33
　　三、大单元高质量集备的有效路径　34

第二部分　实践篇

第七章　小初衔接阅读教学范式　42
　　一、群文阅读教学　42
　　二、古诗文阅读教学　50
　　三、整本书阅读与单篇阅读教学　66
　　四、同课异构阅读教学　80
　　五、跨学科整合式阅读教学　88

第八章　小初衔接习作教学范式　100
　　一、生活化写作　100
　　二、创意写作　105
　　三、实用文写作　116

第九章　小初衔接口语交际与综合性学习教学范式　125
　　一、演讲与口才　125
　　二、协商的语言艺术　132
　　三、课本剧表演　138
　　四、综合性学习活动　143

第十章　教学反思与教师专业发展　153
　　一、素养导向下语文教师专业发展的新挑战　153
　　二、教师专业发展的路径与策略　154
　　三、教学反思的重要性与方法　156
　　四、教学研究与教育创新　160

参考文献　162

后记　163

第一部分

理论篇

第一章　素养导向的小初衔接语文教学概述

一、核心素养的内涵、意义

随着教育改革的深入推进，核心素养的培养成为教育领域的重要关注点。核心素养不仅仅是指学生应具备的基本知识和技能，更是学生面对复杂情境时，能够综合运用所学知识、技能和态度，有效解决问题、适应挑战的综合能力。它是学生通过课程学习逐步形成的正确价值观、必备品格和关键能力，是课程育人价值的集中体现。

核心素养的内涵十分丰富，涵盖了知识、情感、态度、价值观等多个层面。具体来说，核心素养包括但不限于语言建构与运用、思维发展与提升、创新能力、沟通能力、合作能力、自主学习能力、信息素养、公民素养、人文素养等方面。这些素养相互关联、相互促进，共同构成了学生全面发展的基础。

核心素养的培养对于学生个体和社会整体都具有重要意义。从学生个体的角度来看，核心素养的培养有助于提升学生的综合素质，增强学生的社会适应能力和终身学习能力，这不仅能够帮助学生更好地应对当前的学习和生活挑战，还能够为学生未来的职业发展和人生规划奠定坚实的基础。从社会整体的角度来看，核心素养的培养有助于培养具备创新精神和实践能力的高素质人才，推动社会的进步和发展。在知识经济时代，人才的竞争已经成为国家竞争的重要组成部分，因此注重核心素养的培养对于提升国家整体教育水平和人才竞争力具有重要意义。

在义务教育阶段，语文课程在培养学生核心素养方面扮演着重要角色。义务教育语文课程培养的核心素养，是学生在积极的语文实践活动中积累、建构并在真实的语言运用情境中表现出来的，是文化自信和语言运用、思维能力、审美创造的综合体现。在小初衔接阶段，这一核心素养的培养尤为重要。这一阶段是学生认知、情感、态度和价值观形成的关键时期，也是学生由小学向初中过渡的重要阶段。因此，在这一阶段注重核心素养的培养，不仅能够帮助学生更好地适应初中生活和学习挑战，还能够为学生未来的全面发展奠定坚实的基础。

二、小初衔接阶段语文教学的特点与挑战

《义务教育语文课程标准（2022年版）》（以下统称为"新课标"）对学段衔接提出了更高要求，在教学过程中教师需要注重学段之间的衔接，确保学生能够顺利过渡并适应新的学习环境和学习要求。小初衔接阶段是学生学习生涯中的一个关键时期，面临着从小学到初中的过渡。这一阶段，不仅承载着延续小学语文

教学的重要任务，更是初中语文教学的崭新起点。通过解读新课标的相关理念，小初衔接阶段的语文教学展现出一系列独特的特点。

1. 教师教学的特点

过渡性。教师需要扮演引导者的角色，帮助学生平稳地从小学语文学习过渡到初中语文学习。教师的教学内容和方式需要自然延伸和拓展，确保学生能够适应新的学习要求。

综合性。教师需要注重对学生听、说、读、写等语言技能的全面提升，确保学生在各个方面都能得到均衡的发展。除了语言技能，教师还需要关注学生的思维品质、审美情趣和文化素养的全面发展，以培养具有综合素养的学生。

层次性。教师需要关注学生的个体差异，了解每个学生的学习基础和认知能力。这一阶段的教学，依然需要因材施教，制定有针对性的教学计划和策略，以满足不同学生的学习需求。

系统性。教师应该注重知识的系统性和连贯性，帮助学生梳理小学阶段所学的知识。为未来初中的深入学习打下坚实的基础，确保学生能够顺利衔接并进一步提升自己的语文能力。

2. 教师教学面临的挑战

一是教材内容不熟悉。首先，内容难度与深度有跨越：小学阶段的语文教材往往注重培养学生的基础读写能力和对语言文字的初步感知，而学生进入初中后，教材内容迅速向更深的文学鉴赏、更复杂的语言结构和更广泛的阅读领域拓展。这种变化要求教师不仅要快速掌握新的教学内容，还要能够准确评估其难度，确保教学既不滞后于学生发展，也不过度超前，给学生造成负担。其次，文体与题材更为多样化：初中语文教材涵盖了散文、诗歌、小说、说明文、议论文等多种文体，以及历史、文化、科技等多元化题材。教师需在短时间内熟悉并掌握这些新文体的教学特点与教学方法，确保学生能有效吸收和理解不同文体所蕴含的语言魅力与思想深度。

二是教学方法不连贯。首先，从直观到抽象的教学转变：小学阶段的教学多依赖于直观、形象的教学手段，如图片、动画等辅助的教学。而初中语文教学则更注重培养学生的抽象思维能力，需要通过分析、比较、归纳等方法引导学生深入理解文本。这种教学方法的转变要求教师不仅要调整教学策略，还要引导学生逐步适应新的学习方式，避免学生因不适应而产生学习障碍。其次，自主学习与合作学习能力的提升：初中语文教学更加强调学生的自主学习能力和合作精神。教师需要设计更多探究式、合作式的学习活动，引导学生主动探索知识，解决问题。这对教师的课堂管理能力、活动设计能力以及学生合作学习的引导能力都提出了更高要求。

三是学情把握不明确。首先，学生个体差异的扩大：进入初中后，学生之间的学习基础和学习能力差异逐渐显现，部分学生可能已具备较高的语文素养和自学能力，而另一部分学生则可能面临较大困难。教师需要更加细致地观察和分析学生，制定个性化的教学计划，满足不同层次学生的学习需求。其次，心理与情感的过渡：小升初不仅是学业上的重要转折点，也是学生心理和情感发展的关键期。学生可能面临学习环境、同伴关系、自我认知等多方面的变化和挑战。教师需要具备一定的心理学知识，能够敏感地察觉学生的情绪变化，提供必要的心理支持和疏导，帮助学生顺利过渡。

可以说，小初衔接阶段的语文教学对教师提出了新的要求和挑战。教师需要打破教材把握的壁垒，具备统整观和系统观；需要适应教学方法的转变和新课标的要求，同时需要关注学生的个体差异和心理变化。小初衔接这一阶段是学生学习的关键时期，需要教师付出努力来帮助顺利度过。

3. 学生学习的特点

过渡性。小初衔接阶段的语文教学具有鲜明的过渡性质。它既是小学语文教学的自然延伸，又为学生步入初中语文学习领域奠定基础。此阶段的教学需致力于帮助学生平稳适应初中语文学习的各项要求，确保过渡的顺利进行。

综合性。随着学生年龄的增长和认知能力的提升，小初衔接阶段的语文教学愈发注重对学生综合能力的培养。这涵盖了听、说、读、写等语言技能的全面提升，以及思维品质、审美情趣和文化素养的全面发展，与新课标中强调的"全面提高学生的语文素养"相吻合。

层次性。鉴于学生在小初衔接阶段的学习基础和认知能力存在差异，语文教学需密切关注学生的个体差异并因材施教。教师应根据学生的实际情况，制定有针对性的教学计划和策略，这体现了课程标准中"关注个体差异和不同的学习需求"的理念。

系统性。在此阶段，语文教学更加注重知识的系统性和连贯性。教师需帮助学生梳理小学阶段所学的知识，为初中的深入学习打下坚实的基础。同时，教师还应引导学生预习初中的知识，激发他们的学习兴趣和学习动力，这与课程标准中提倡的"注重知识的系统性和结构性"相一致。

4. 学生学习所面临的挑战

心理适应的挑战：小初衔接时期，作为学生学习生涯中一个承上启下的重要阶段，不仅标志着学生由童年迈向青少年的年龄跨越，从更深层次来说，它是一场心理、认知、情感及社会适应能力的全面转型。学生的心理发展轨迹呈现出连续性与阶段性的交织特征，每个阶段都有其独特的心理特质与发展使命。在这一关键转折点上，学生面临着前所未有的心理挑战。首先，学生需要适应新的学习环境与教学模式，初中语文学习的深度与广度相较于小学有了显著提升，这对学生的心理承受能力和自我调适能力提出了更高要求，部分学生可能会因无法迅速适应这种变化而感到焦虑、迷茫，甚至产生挫败感，影响学习动力和效果；其次，心理发展的连续性与阶段性特征决定了这一时期的学生正处于自我意识迅速增强的阶段，他们开始更加关注他人的评价，追求独立与自主，但同时也可能因处理不好这些情感波动而陷入自我怀疑或过度敏感的境地，这种心理状态对于尤其需要深度思考、情感体验和语言表达的语文科目学习构成了不小的挑战。因此，教师在小初衔接阶段的语文教学中，不仅要关注知识的传授与技能的训练，更应敏锐地捕捉学生的心理变化，通过有效的心理疏导与辅导，帮助学生克服心理难关，顺利实现心理与学业的双重过渡。这不仅是新课标"关注学生的个体差异和不同的学习需求"理念的体现，也是促进学生全面发展、健康成长的重要途径。

知识容量的激增：步入初中，语文教学的知识范畴显著拓宽，学生需面对的是词汇量的爆炸性增长、语法结构的复杂化以及文学常识的广泛涉猎。这种知识容量的激增不仅考验着学生的记忆与理解能力，也对其学习的广度和深度提出了更高要求，直接对应了新课标中"年级提升伴随识字量、阅读量与写作量同步增加"的教育目标，成为学生首要面对的挑战。

思维品质的跃升：在初中阶段，语文教学不再仅仅停留于知识的传授，更侧重于学生思维能力的培养与提升。学生需要逐渐建立起坚实的逻辑思维能力，学会运用批判性思维审视文本，同时激发创新思维以表达独到见解。这一转变要求学生思维模式发生根本性变化，是新课标"发展思维能力"理念的集中体现，但这同样是一项长期且艰巨的任务，需要教师的悉心引导与持续训练。

学习方式的转型：小初衔接不仅是知识的过渡，更是学习方式的重大转变。初中学习要求学生从被动接受转向主动探索，从单打独斗到团队合作，这意味着学生必须掌握自主学习与合作学习的方法和技巧。面对学科数量的增加和学习节奏的加快，学生需要快速适应这种转变，培养自我规划和管理的能力，以及与他人有效沟通合作的能力。这一挑战与新课标中"鼓励自主、合作、探究学习模式"的倡导紧密相连，是教师需重点关注并辅助学生克服的难题。

小初衔接阶段的语文教学具有过渡性、综合性、层次性和系统性的特点，学生面临着心理适应的挑战、知识容量的增加、思维品质的提升和学习方法的转变。为了帮助学生顺利度过这一阶段，教师需要制定有针对性的教学计划和教学策略，关注学生的个体差异和心理变化，为学生的全面发展打下坚实的基础，这也是对新课标中相关理念的深入践行和具体体现。

三、小初衔接语文教学与核心素养的关联

语文教学作为基础教育的关键构成部分，与核心素养的培养紧密相连。小初衔接这一阶段的语文教学不仅承载着知识传授的重任，更是塑造学生核心素养的重要渠道。根据新课标的相关阐述，语文核心素养主要包括文化自信、语言运用、思维能力、审美创造四个维度，而语文教学正是培养这些素养的核心途径。

首先，在小初衔接阶段，语文教学在培养学生语言运用能力方面扮演着核心角色。语言运用能力作为核心素养的基础维度，涵盖了听、说、读、写等多个层面。在语文教学中，通过识字、阅读、写作和口语交际等丰富多样的教学活动，学生的语言运用能力得以有效提升。从而使他们能够更好地理解和运用语言，进行有效的沟通和交流，进而在真实的语言运用情境中充分展现自己的核心素养。

其次，在小初衔接阶段，语文教学在塑造学生思维品质、发展思维能力方面发挥着举足轻重的作用。思维品质包括思维的逻辑性、批判性、创新性等，是核心素养的重要组成部分。在语文教学过程中，教师通过阅读教学引导学生深入文本进行思考，通过写作教学培养学生的逻辑思维和创新能力，以及通过口语交际教学锻炼学生的表达和批判性思维，从而全面优化学生的思维品质，发展他们的思维能力，这与新课标中强调的"发展思维能力"紧密相关。

再者，在小初衔接阶段，语文教学还承担着培养学生审美创造能力的重要责任。审美创造能力同样是核心素养不可或缺的一部分。在语文教学中，教师通过文学作品的欣赏和解读，引导学生领略美的魅力，激发他们的审美创造力，培养他们的审美情趣和审美能力；同时，通过鼓励学生进行文学创作和表达，进一步锻炼他们的审美创造能力，这与新课标中提到的"注重审美体验"相呼应。

最后，在小初衔接阶段，语文教学在增强学生文化自信方面也具有不可替代的作用。文化自信作为核心素养的另一个重要维度，强调对中华文化的认同、传承和创新。在语文教学中，通过传统文化的学习和现代文化的引入，学生能够深入了解中华文化的博大精深，增强了民族自豪感和文化自信心，学生能够在文化自信的基础上更好地进行语言运用和审美创造，这与新课标中强调的"文化传承与创新"紧密相连。

语文教学与核心素养的培养紧密相连，在小初衔接阶段，语文教学应更加聚焦于学生核心素养的培养，特别是文化自信、语言运用、思维能力和审美创造这四个维度，通过设计丰富多样的教学活动，引导学生在语文学习的过程中不断提升自身的核心素养，为他们的全面发展奠定坚实的基础。这不仅是对语文教学本质的深刻体现，也是对新课标中核心素养理念的深入践行。

第二章　素养导向的小初衔接语文教学原则

一、学生主体性原则

在小初衔接阶段的语文教学中，学生主体性原则是一项至关重要的教学原则。这一原则强调，在教学过程中学生应被视为教学活动的主体，他们的主动性、积极性和创造性应得到充分尊重和发挥。这与新课标中提出的"学生是语文学习的主体，教师是学习活动的组织者和引导者。语文教学应在师生平等对话的过程中进行"这一理念不谋而合。

首先，依据新课标的指导，学生主体性原则要求教师在教学设计时以学生为中心，充分考虑学生的兴趣爱好、认知特点和学习需求。教师应根据学生的实际情况，选择恰当的教学内容和方法，激发学生的学习兴趣，调动学生的学习积极性。例如，在进行阅读教学时，教师可以选取与学生生活贴近的文本，通过引导学生分享个人经历、讨论文本中的情节和人物等方式，激发学生的学习兴趣，使他们在轻松愉快的氛围中掌握阅读技巧和提升理解能力。这样的教学设计，正是体现了新课标中"关注个体差异和不同的学习需求，积极倡导自主、合作、探究的学习方式"的要求。

其次，在教学过程中，教师应鼓励学生积极参与、大胆表达，充分发挥主观能动性。教师可以通过提问、讨论、小组合作等方式引导学生主动思考、自主探究，培养他们的自主学习能力和问题解决能力。例如，在教学小说单元时，教师可以组织一场关于小说作品的讨论活动。把学生分成多个小组，每个小组负责探讨作品中的不同人物形象。通过积极参与讨论，学生们不仅能深入理解了作品，还学会了如何多元理解人物、品析人物形象，培养了自主学习和问题解决能力，教学效果显著提升。这样的教学方式，正是践行了新课标中"鼓励学生自主阅读、自由表达，充分激发他们的问题意识和进取精神"的倡导。

此外，学生主体性原则还要求教师关注学生的个体差异，因材施教。每个学生都是独一无二的个体，他们的学习基础、认知能力和学习方式都存在差异。因此，教师应根据学生的实际情况，制定个性化的教学方案，为每个学生提供适合他们的学习资源和支持。在阅读理解的教学单元中，一些学生在理解某些概念时存在困难。教师可以设计一些具体的实例和多样的思维导图，以帮助学生更直观地理解这些概念。通过这种个性化的教学方法，这些学生的学习效果得到了显著提升，他们能够更好地理解和应用所学知识，进一步证明了因材施教原则的有效性。这样的教学策略正是响应了新课标中"尊重学生的个体差异，鼓励学生选择适合自己的学习方式"的号召。

在小初衔接阶段的语文教学中,坚持学生主体性原则,有助于激发学生的学习兴趣,提高他们的学习积极性,培养他们的自主学习能力和问题解决能力。同时,这也有助于教师更好地了解学生的学习情况,及时调整教学策略,提高教学效果。例如,在某次写作教学中,教师鼓励学生自主选择题目,并结合自己的兴趣和经历进行创作。结果,学生们的作品内容丰富多样,观点新颖独特,教学效果显著提升。因此,教师在教学实践中应充分贯彻学生主体性原则,为学生的全面发展创造有利条件,这也是对新课标中相关理念的深入践行和具体体现。

二、语言实践性原则

在小初衔接阶段的语文教学中,语言实践性原则占据着举足轻重的地位。这一原则的核心观点是,语言作为一种实践性的技能,其能力的提升绝非单纯依靠理论知识的传授,而是必须通过大量的语言实践活动来实现。换句话说,语言的习得是一个动态的过程,它要求学习者在实际的语言运用中不断尝试、修正和完善。这与新课标中强调的"语文课程是实践性课程,应着重培养学生的语文实践能力,而培养这种能力的主要途径也应是语文实践"不谋而合。

首先,根据新课标的指导,语言实践性原则要求教师在教学过程中为学生提供充足的语言实践机会。这意味着,除了传统的课堂教学外,教师还应积极组织丰富多样的课外活动,如朗读比赛、辩论赛、写作比赛等。这些活动能够让学生在真实的语境中运用语言,从而深刻地感受语言的魅力和实用性。例如,通过参与朗读比赛,学生不仅能够锻炼自己的发音和语调,还能在准备过程中学习到如何选择合适的文本、如何把握朗读的节奏和情感等实用技巧。

其次,依据新课标的精神,这一原则强调学生在语言学习中的主动参与和亲身体验。教师应鼓励学生积极参与各种语言实践活动,如角色扮演、小组讨论、即兴演讲等。这些活动不仅能够激发学生的学习兴趣,还能有效提高他们的语言运用能力。例如,在角色扮演活动中,学生需要深入理解角色的性格、情感和语言特点,然后通过自己的表演将这些元素生动地呈现出来。这样的过程不仅能够锻炼学生的语言表达能力,还能培养他们的同理心和创造力。

再者,结合新课标的要求,语言实践性原则还强调教师在教学过程中要关注学生的语言输出。教师应定期布置写作、口语表达等任务,并认真评估学生的语言水平,提供有针对性的反馈和指导。例如,在写作任务中,教师可以要求学生写一篇关于自己假期经历的文章,然后根据学生的作文内容、结构和语言表达等方面给予具体的评价和建议。这样的做法不仅能够帮助学生发现自己的不足,还能激励他们在未来的语言实践中更加努力。

在小初衔接阶段的语文教学中，贯彻语言实践性原则至关重要。这不仅有助于提高学生的语言能力，使他们在实际交流中更加自信、流畅；还能培养他们的自主学习能力、合作能力和创新精神。这与新课标中提出的"语文课程应引导学生丰富语言积累，培养语感，发展思维，初步掌握学习语文的基本方法，养成良好的学习习惯"等要求是一致的。因此，教师应充分利用各种教学资源，创设真实、生动的语言环境，让学生在实践中学习、在实践中进步。例如，教师可以利用多媒体技术展示真实的语言场景，让学生仿佛置身于一个真实的语言环境中；或者组织学生进行实地考察和采访活动，让他们在实践中运用语言进行交流和表达。这样的教学方式不仅能够使学生的学习更加生动有趣，还能有效提升他们的语言实践能力。

三、文化熏陶性原则

在小初衔接阶段的语文教学中，文化熏陶性原则是一项至关重要的教学原则。这一原则不仅强调语文教学是语言知识的传授和语言技能的培养，更凸显了其文化传承和进行文化熏陶的重要使命。根据新课标的指导思想，语文教学应致力于让学生感受中华文化的博大精深，增强他们的民族自豪感和文化自信心。

首先，文化熏陶性原则要求教师在教学内容的选择上深入挖掘文化内涵。语文教材中的小说、诗歌、散文等文学作品都是中华文化的瑰宝。在讲解这些作品时，教师不仅要关注语言文字的表达，更要引导学生深入理解作品所蕴含的思想情感、价值观念和人文精神，从而让学生充分领略中华文化的独特魅力。

其次，教师在教学过程中应注重创设浓厚的文化氛围。通过讲述历史故事、介绍文化名人、展示文化艺术作品等多种方式，让学生在耳濡目染中感受中华文化的深厚底蕴。同时，教师还可以结合学生的生活实际，引导他们关注身边的文化现象，增强对文化的感知和理解，培养学生的文化自觉和文化认同。

此外，文化熏陶性原则还要求教师在教学方法上注重文化体验的实践。教师可以组织丰富多彩的文化实践活动，如参观博物馆、图书馆、文化古迹等，让学生亲身体验中华文化的魅力。这些实践活动不仅可以激发学生的文化兴趣，还能有效提升他们的文化素养和文化审美能力，与新课标中强调的"注重审美体验和文化传承"相呼应。

在小初衔接阶段的语文教学中，贯彻文化熏陶性原则，不仅有助于学生在语言学习的过程中深入感受中华文化的博大精深，增强他们的民族自豪感和文化自信心，还能有效培养学生的文化素养和审美能力。这一原则的贯彻实施，为学生的全面发展创造了有利条件，也是对新课标中文化传承与熏陶理念的深入践行。因此，教师在教学实践中应充分重视并切实贯彻这一原则。

四、思维创新性原则

在小初衔接阶段的语文教学中，思维创新性原则被视为提升学生综合素养、培养未来创新型人才的关键所在。这一原则强调，在教学过程中教师应有意识地培养学生的创新意识和创新能力，激发他们的思维活力，让他们在探索未知的过程中不断成长，这与当前教育部强调的创新人才培养理念高度契合。

首先，思维创新性原则要求教师在教学内容的设计上富有创新性，以响应《关于深化教育改革全面推进素质教育的决定》的号召，深化教育改革，着重培养创新型人才。传统的教学内容往往侧重于知识点的灌输，而忽视了对学生思维能力的培养。因此，教师需要创造性地整合教材内容，引入具有启发性和开放性的问题，引导学生从多个角度思考问题，培养他们的发散性思维和批判性思维，这与教育部倡导的创新教学模式不谋而合。

其次，教师在教学过程中应采用灵活多样的教学方法，这是适应新时代教育发展的必要举措。传统的讲授式教学很难激发学生的学习兴趣和创新意识。教师可以尝试采用讨论式、合作式、案例式等教学方法，让学生在参与互动中积极思考，鼓励他们提出自己的观点和见解，从而培养他们的创新思维，这也是教育部所倡导的学生中心、主动学习理念的具体体现。

此外，思维创新性原则还要求教师为学生营造一个宽松、自由的课堂氛围，这是促进学生全面发展、培养创新思维的重要一环。只有在这样的氛围中，学生才敢于表达自己的想法，才愿意尝试新的学习方法和解决问题的途径。教师应该鼓励学生大胆质疑、勇于探索，对于他们的创新想法和尝试给予充分的肯定和支持，这也是教育部所倡导的鼓励学生自主探索、勇于创新的精神的具体实践。

同时，教师还需要通过丰富多彩的课外活动来拓展学生的创新空间，这是丰富学生课余生活、促进学生全面发展的重要途径。课外活动是学生展示个性和才能的重要舞台，也是培养他们创新思维和实践能力的重要途径。教师可以组织各种文学创作、社会实践、科技创新等活动，让学生在实践中发现问题、解决问题，培养其创新意识和实践能力，这也是教育部所倡导的实践活动与理论学习相结合的教学理念的具体应用。

在小初衔接阶段的语文教学中，贯彻思维创新性原则对于学生的全面发展具有重要意义。这不仅有助于提高学生的语文素养和思维能力，更有助于培养学生的创新精神和实践能力，为他们的未来发展奠定坚实的基础，同时也是对当前教育部关于培养创新型人才、推进教育改革等重要文件精神的深入践行。

第三章 素养导向的小初衔接语文教学策略

一、革新课标认知，深化衔接意识

教育理念的更新。小初衔接阶段的语文教师应更新教育理念，强调学生的核心素养发展。教学中需由传统讲授转向以学生学习探究为主，充分利用学生潜力，构建以学习为中心的课堂。

教学方式的转变。通过多样的阅读学习活动，如自主学习、小组合作和全班分享，让学生成为课堂的主人。同时，开展基于情境、问题、任务、项目的阅读实践活动，使学生真实感受知识的价值，发展并提升学以致用的能力。

教学内容的优化。以"大概念"为支点，精简教学内容，构建简约、简洁的课程知识内容框架，推进大单元、大主题教学，避免知识学习的碎片化。

衔接意识的强化。中小学语文教师需将"核心素养"作为出发点，通过教学教研提升学生思维能力、审美创造力，树立文化自信。

二、遵循教育规律，建立协同机制

教师应深刻理解并遵循学生身心发展的自然规律，确保教学活动循序渐进，既符合学生当前阶段的认知特点，又能有效促进其向更高层次发展。特别是在小初衔接这一关键时期，教师应充分考虑学生思维能力的逐步成熟、记忆方式的转变以及语言表达能力的增强，精心设计教学方案以促进学生平稳过渡。

此外，建立跨学段的协同教研机制至关重要。六年级与七年级的语文教师需紧密合作，深入研读各自学段的课程目标与教学要求，树立"大语文"教育观，打破学段壁垒，实现教学内容的有机衔接。通过相互听课、评课，共同探讨教学难题，分享成功经验，精准把握学生学情变化，明确各阶段的教学重点与方向。协同教研不仅有助于教师的专业成长，更为小初衔接提供了有力的支持与缓冲，确保学生能够在连续而有序的学习环境中健康成长。以阅读教学为例，可以进行小初衔接协同教研主题设计。表 3-1 为小初衔接协同教研主题一览表。

表 3-1 小初衔接协同教研主题一览表

时间	研究主题	
	教材对比与分析	教学计划协同
学期初	共同分析两个年级教材的异同点，特别是阅读篇目的难度递增、文体变化、教学目标差异等。	共同制定小初衔接阶段阅读教学的整体计划，包括教学进度、重点难点、阅读策略培养等，确保教学目标的连续性和递进性。

续上表

时间	研究主题	
学期中	深度阅读教学策略分享 分享深度阅读教学中的有效策略，如批判性思维培养、文本细读方法、思维导图运用等，促进教师间的相互学习。	学生反馈与教学策略调整 收集并分析学生在阅读学习中的反馈，讨论存在的问题，共同商讨调整教学策略，以更好地适应学生的学习需求。
阅读专题	专题阅读教学研究 针对某一类文体（如散文、小说、说明文等）或某一阅读主题（如自然、科技、人文等），开展专题教学研究，探讨不同文体或主题下的深度阅读教学策略。	联合备课与示范课 六年级与七年级教师联合备课，设计跨年级的阅读教学示范课，展示如何在不同年级间实现阅读教学的有效衔接。
学期末	复习策略协同 共同探讨小初衔接阶段阅读复习有效策略，包括知识梳理、题型训练等，促进学生巩固所学知识，提升阅读能力。	教学总结与反思 组织教师分享本学期在阅读教学中的成功案例与遇到的挑战，集体反思并总结经验教训，为下学期的教学改进提供参考。
假期	新课程标准学习 组织教师线上学习语文课程标准，特别是关于阅读教学的新要求和新理念。	阅读资源开发与整合 搜集和整理适合小初衔接阶段的阅读资源，丰富学生的阅读材料库。

三、对比课标与教材，寻找衔接要点

为实现小初语文阅读的有效衔接，教学内容的选择和组织至关重要，需要教师深入研读课标与教材，寻找六年级、七年级阅读教学的承接点。

1. 比对年段课标，探寻衔接点

通过对比第三学段与第四学段的课标，我们可以发现阅读要求存在显著差异。第四学段在阅读速度、内容理解、领悟写法、学习方式等方面均有所提升。例如，阅读速度要求从每分钟不少于 300 字提升至不少于 500 字；在内容理解上，要求学生更深入地理解文本内容，赏析词句，感悟表达方法；在文体阅读上，第四学段要求学生能够区分不同文学样式，形成个性化的阅读体验；在思维加工水平上，学生开始注重理解事件背后的原理，建立资料之间的联系；在学习方式上，学生自主性更强，能够通过预习、合作等方式共同探讨和解决问题。第三学段与第四学段目标对比表如表3-2所示。

表3-2 第三学段与第四学段目标对比表

目标学段	第三学段	第四学段
默读速度	每分钟不少于300字	每分钟不少于500字
词句理解	推想课文中有关词句的意思，辨别词语的感情色彩，体会其表达效果。	体味和推敲重要词句在语言环境中的意义和作用，对课文的内容和表达有自己的心得。
阅读策略	学习浏览，扩大知识面，根据需要搜集信息。	能较熟练地运用略读和浏览的方法，扩大阅读范围。
表达方式	初步领悟文章的基本表达方法。	在阅读中了解叙述、描写、说明、议论、抒情等表达方式，区分写实作品与虚构作品，了解不同文学样式。
文学样式	叙事性作品、诗歌、说明性文章、简单的非连续性文本。	议论文、新闻和说明性文章、科技作品、较复杂的非连续性文本。
作品鉴赏	阅读叙事性作品和诗歌，了解事件梗概，体会作品的情感。	欣赏文学作品，初步领悟作品的内涵，品味作品中富于表现力的语言。
古诗文阅读	未作明确要求。	诵读古代诗词，阅读浅易文言文，借助注释和工具书理解基本内容。
名著阅读	阅读整本书，把握文本主要内容，积极推荐并说明理由。课外阅读总量不少于100万字。	每学年阅读两三部名著，探索个性化的阅读方法，分享阅读感受，开展专题探究。课外阅读总量不少于260万字。

2. 比对年段教材，研读差异点

为高效衔接小初语文阅读，我们深入剖析了六年级至七年级教材的转变。以文言文为例，篇幅与难度的骤增尤为显著（图3-1），从六年级的少量浅易到七年级的丰富深入，要求教师灵活调整教学策略，确保学生顺利跨越这一知识阶梯。

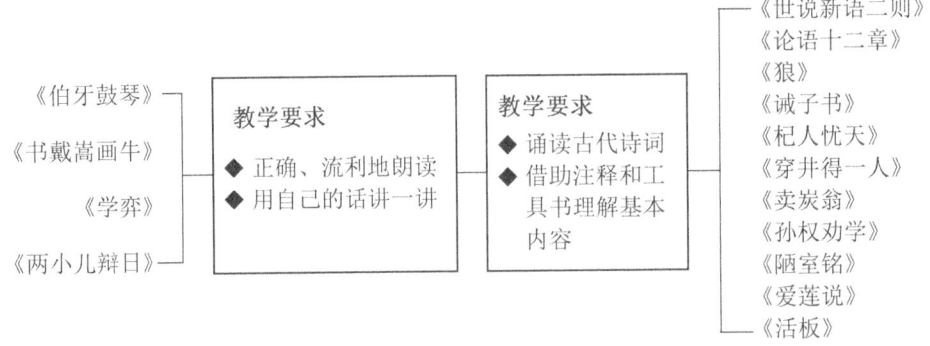

图 3-1 小初语文深度阅读衔接——文言文教学

3. 比对同主题文本，设计教学点

六年级课时的宽裕与课文难度的适中，为教师提供了宝贵的教学调整空间。我们可巧妙融入部分初中内容，丰富课堂，激发学生的阅读热情与潜能。同时，强化学生自主学习能力，鼓励预习、质疑与合作探讨，双轨并行提升阅读力与思维力。

在小初衔接过程中，我们特别强调通过比对同主题文本，创新编排教学思路，以深化学生的阅读理解和文学鉴赏能力。教师应依据专题教学的实际需要（图 3-2），灵活调整文本的教学顺序，整合相关资源，构建出逻辑严谨、主题突出的学习单元，从而为学生搭建起一座从浅入深、由点及面的阅读桥梁，为其语文素养的全面提升奠定坚实基础。

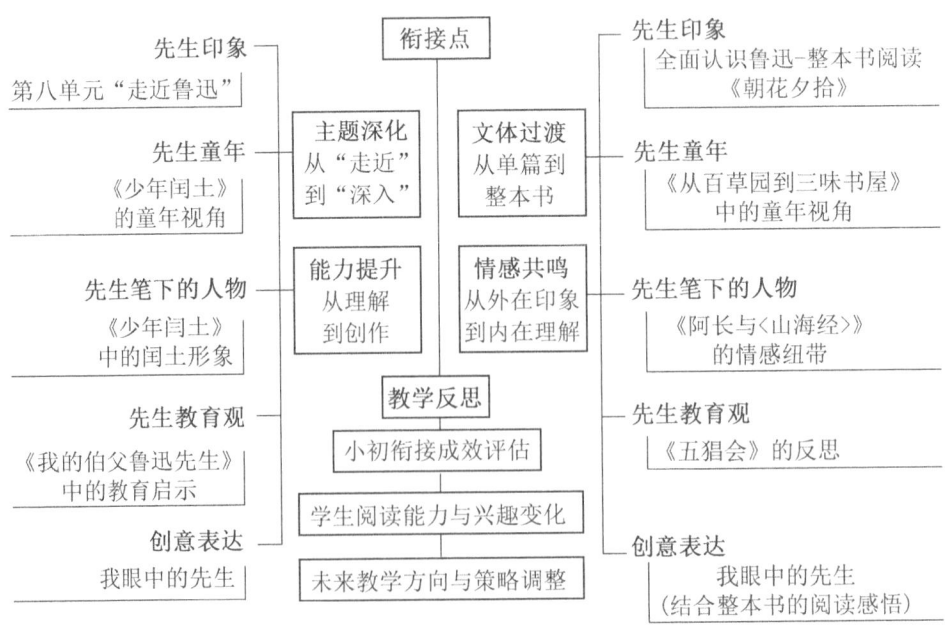

图 3-2 小初语文深度阅读衔接——鲁迅专题

四、结合语文教学，探寻教学策略

1. 课前定制预学单，摸查阅读基础

在核心素养视域下，小初语文深度阅读的衔接教学需重视课前策略。这要求教师深入学习课程标准和教材，了解学生的兴趣爱好、认知水平和学习习惯，为设计符合学生实际的预学单提供科学依据。预学单的设计不仅要围绕教学目标，明确学生需掌握的知识和技能，还要注重激发学生的学习兴趣。预学单的内容应与课堂教学内容紧密衔接，难度适中，避免过于简单或复杂。形式上应多样化，包括填空、选择、简答、讨论等，以满足不同学生的学习需求和兴趣。预学单还应具有引导性，引导学生深入思考，培养其自主学习能力，并设置反馈环节，使学生在完成预习后能及时了解自己的学习状况，为课堂教学提供有力支持。

预学单设计旨在通过多层次、多角度的任务设置，不仅帮助学生预习知识、把握文本大意，更重要的是引导学生深入思考、主动探究，培养其自主学习能力和批判性思维，深化对文本的理解与感悟。

2. 课中构建范式图，促进单篇深度阅读

（1）单篇深度阅读："三读一练"范式

构建单篇阅读教学范式，通过识读、理读、品读、训练四个循序渐进的教学板块，培养学生的深度阅读能力，并引导他们从阅读吸收走向有效表达。这一范式不仅关注学生对文本内容的理解，更注重其思维过程的可视化及读写能力的同步提升。

板块一：识读——夯实基础，扫清障碍

识读作为阅读教学的起点，侧重于学生对生字新词的识记与理解。通过自读、默读、齐读等多种阅读形式，学生不仅熟悉了课文的基本字词，还通过思维导图工具，将零散的生字词进行逻辑分类与归纳，实现了知识的系统化与可视化。这一过程有效解决了阅读初期的字词障碍，为后续深入阅读奠定了坚实基础。

板块二：理读——理清脉络，构建框架

理读阶段，教师引导学生运用思维导图工具，梳理文章脉络，提炼关键词句，构建文章的结构导图。这一过程不仅帮助学生从宏观上把握文章的整体框架，还通过思维可视化技术，将抽象思维具象化，提升了学生的信息整合与分析能力。学生学会了如何将复杂文本"读薄"，为后续深入品读做好准备。

板块三：品读——品味语言，触及内核

品读是阅读教学的核心环节，旨在引导学生深入文本，品味语言魅力，触及文本的精神内核。在理读基础上，学生通过添加导图的二级、三级节点，丰富对文本细节的理解与感悟，逐步构建起对文本全面而深刻的认识。这一过程促进了学生从语言层面到思维层面的跨越，实现了深度阅读的目标。

板块四：练笔——拓展应用，提升能力

训练环节强调知识的拓展与能力的迁移。学生运用思维导图总结文本的阅读策略与写作手法，实现从"读"到"写"的自然过渡。通过口头或书面表达的形式，学生将阅读所得转化为个人见解与创意表达，实现了从输入到输出的完整学习闭环。这一过程不仅巩固了阅读成果，还有效提升了学生的写作与表达能力。

"三读一练"阅读教学范式（图3-3）通过系统化的教学设计，实现了学生从浅层阅读到深度理解，再到有效表达的全面提升。在教学实践中，教师应注重示范引领与适时点拨，鼓励学生自主探究与合作交流，逐步内化这一阅读策略，最终实现自主高效学习的目标。

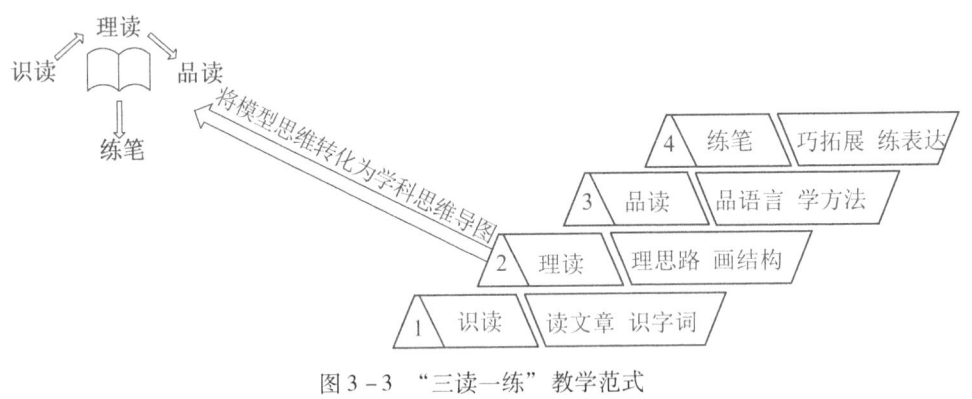

图3-3 "三读一练"教学范式

（2）整本书深度阅读："两推一报"范式

为了全面提升小初衔接阶段学生的语文深度阅读能力，笔者构建了整本书阅读的"两推一报"课型模式，即"阅读推荐课""阅读推进课"与"阅读汇报课"，旨在通过系统化的课程设计，促进学生阅读的系统化、有序化及深度化。

推荐课：点燃兴趣，阅读导引

此课型聚焦于"荐"，旨在激发学生的阅读兴趣，引领其步入深度阅读之门。教师运用思维导图设计富有吸引力的阅读导引单，结合学生年龄特点和兴趣点，精选话题，巧妙设置认知冲突，引导学生初步感知作品的精神内核，建立与自身生活及情感的联结。通过多样化的展示方式（如教师范读、影视片段欣赏、情节推测等），激发学生的好奇心与探索欲，为后续深度阅读奠定坚实基础。

推进课：深耕文本，策略导航

推进课的核心在于"读"，强调在深度阅读中运用策略，深化理解。学生在阅读导引单的引导下，借助思维导图开展一系列指向性强的阅读活动，如情节梳理、人物关系分析、证据收集、个性体验分享等。这些活动不仅帮助学生全面把握文本内容，还培养了他们的批判性思维、逻辑推理及信息整合能力。特别关注认知冲突点，通过反复细读、精读及策略运用，保持并提升学生的阅读兴趣，推动阅读向更深层次发展。

汇报课：成果展示，深度反思

汇报课侧重于"报"，是学生展示阅读成果、交流深度体悟的舞台。通过思维可视化工具，学生不仅回顾精彩情节、评说人物印象，还进行统整综合分析，探讨文学样式、结构布局等深层次问题。鼓励学生依据引导单反馈确定汇报主题，围绕深度主题展开讨论，赏析文学之美，甚至通过角色扮演等形式深化对读本的理解。此环节不仅巩固了学生的阅读成果，更激发了他们持续探索、深入阅读的兴趣与动力，促进了阅读力的全面提升及核心素养的培养。

3. 课后推送研学单，促进素养形成

在基于小初衔接的深度阅读教学背景下，课后环节成为巩固与深化课堂学习、促进学生自主阅读能力提升的关键阶段。本部分聚焦于提升教师设计研学单的能力，旨在通过精心设计的课后作业，引导学生实现从课内到课外的有效延伸，构建教读、自读、课外阅读的"三位一体"模式，进而实现核心素养的自我建构。

拓展迁移，激活思维。研学单紧密对接课堂，选取关联而不重复材料，如"有目的阅读"后设计《美丽的云》，引导学生迁移策略，跨文本实践，激活深度思考，使学习生活化。

读写交融，深化情感。写作任务超越复述，设计启发性情境活动，如"诗中寻影鲁迅"，写诗表达感受，既深化理解又激发创造力；寻访革命英雄写颁奖词，联结现实，升华情感与价值观。

系统设计，逐层递进。作业体系需整体连贯，难度梯度合理，既巩固课堂知识，又鼓励自主探索。通过层层递进的挑战，培养学生自主学习能力和探索精神，实现课内外阅读的无缝对接与核心素养的全面提升。

优化研学单设计，能够有效促进学生课后深度阅读与自我建构，教师需持续反思调整策略，确保设计精准对接学生需求，引领其迈向深度阅读的新高度。

探索小学语文深度阅读教学，不仅深化了对深度阅读教学内涵与目标的理解，还构建了"思-读-练"的有效学习模式，有效提升了学生的阅读兴趣、阅读能力和综合素养。

第四章　素养导向的小初衔接语文教学方法

一、情境教学法

在核心素养导向下的语文教学中，情境教学法是一种重要且有效的教学方法。它强调在教学过程中，教师有目的地引入或创设具有一定情绪色彩的、以形象为主体的生动具体的场景。正如新课标所倡导的"语文教学应注重情境的创设与运用，使学生在具体情境中体验、理解和运用语言文字"。通过情境教学法，教师可以引起学生一定的态度体验，从而帮助他们更好地理解教材，并使学生的心理机能得到发展。

1. 情境教学法的特点

过渡性情境的创设：在小学高年级阶段，教师应逐步引入具有初中特色的情境元素，如更为复杂的社会背景、更深层次的情感体验等，使学生在熟悉的环境中逐渐适应初中的学习节奏。进入初中后，情境设计则需更加注重思维的深度和广度，激发学生的探究欲望。

情感与认知的双重引导：在情境创设中，既要注重情感共鸣的激发，让学生在情感体验中加深对课文的理解和感悟；又要融入认知挑战，引导学生在探究过程中提升思维能力。小初衔接阶段，这种双重引导尤为重要，它有助于学生顺利完成从感性认识到理性思考的过渡。

个性化与差异化情境的融合：针对小初衔接阶段学生个体差异加大的特点，教师应设计多样化的情境以满足不同学生的学习需求。同时，通过小组合作、分层教学等方式确保每个学生都能在适合自己的情境中得到发展。

2. 情境教学法的实施步骤

创设情境：教师根据教学内容和学生实际，创设与课文主题相关的生动情境。这些情境可以是现实生活的模拟，也可以是虚拟世界的构建，旨在为学生提供一个富有情境性的学习环境。

引入问题：在情境中提出问题，激发学生的好奇心和探究欲望。问题可以是课文中的难点、疑点，也可以是与学生生活紧密相关的实际问题，旨在引导学生主动思考和探索课文内容。

自主探究：学生根据问题在情境中进行自主探究。他们可以通过查阅资料、讨论交流等方式寻找问题的答案，培养自主学习和探究学习的能力。

合作交流：学生将自己的探究成果进行展示和交流，相互学习、相互启发。

通过合作交流，学生可以拓宽视野，增强团队合作意识，共同提高语文素养。

总结提升：教师对学生的探究成果进行总结和评价，指出其中的优点和不足，并提出改进建议。通过总结提升，学生可以进一步完善自己的探究成果，提高语文学习的效果和质量。

同时，在进行情境教学时，首先需要注意跨学段情境规划，联合小学高年级与初中起始年级的教师，共同制定情境教学的长期规划，确保情境设计的连贯性和递进性。其次，注意情境资源的整合与利用，充分利用校内外资源，如图书馆、网络平台、社会实践基地等，为学生创设更加丰富、真实的学习情境。还需要注意情境反馈与调整，建立及时有效的情境反馈机制，根据学生的表现和反馈不断调整情境设计，确保情境教学的针对性和有效性。

3. 情境教学法的优势

促进认知与情感的双重发展：情境教学法通过情感与认知的双重引导，有助于学生在小初衔接阶段实现认知与情感的双重飞跃。

增强学习适应性与自主性：通过过渡性情境的创设和个性化教学策略的实施，学生逐渐适应初中的学习节奏，学会自主学习和探究。

提高学生的理解能力：情境教学法将抽象的语言文字转化为形象的画面，有助于学生更好地理解和感知课文内容。通过形象化的教学方式，学生可以更加深入地理解文本的内涵和意义。

培养学生的创新意识：情境教学法鼓励学生在实际情境中进行语言实践和创新尝试。通过实践和创新，学生可以培养创新意识和实践能力，为未来的学习和生活打下坚实的基础。

提升学生的语文素养：情境教学法注重学生的情感体验和语言实践，通过全面的教学引导和实践锻炼，学生可以更好地掌握语文知识，提高语文素养和综合素质。

二、任务型教学法

在核心素养导向下的语文教学中，任务型教学法是一种以学生为中心、以任务为核心的教学方法。它通过设定具体、明确的任务，引导学生在完成任务的过程中学习语文知识、提升语言能力，并培养他们的问题解决、合作与交流等核心素养。正如新课标所强调的"语文课程应围绕学生的核心素养，构建语文学习任务群，注重课程的阶段性与发展性"。任务型教学法正是基于这样的理念，通过设计符合学生认知水平和兴趣爱好的任务群，使学生在完成任务的过程中实现语言能力的提升和核心素养的发展。

1. 任务型教学法的特点

层次性与连贯性的任务设计：任务设计需遵循由易到难、由浅入深的原则，确保学生在完成任务的过程中逐步提升能力。同时，任务之间应保持一定的连贯性，使学生在完成一系列任务后能够形成系统的知识体系。

跨学科融合与拓展：结合其他学科内容设计任务，使学生在完成任务的过程中拓宽知识视野，促进跨学科知识的综合运用和迁移。这种跨学科融合有助于提升学生的综合素养和创新能力。

自主学习与合作探究的结合：鼓励学生独立完成基础任务，培养自主学习能力；同时，在小组合作中完成更复杂的任务，培养合作交流与解决问题的能力。这种结合有助于学生在小初衔接阶段顺利过渡并适应新的学习方式。

2. 任务型教学法的实施步骤

在核心素养导向下的语文教学中，任务型教学法的实施需遵循一系列具体而详细的步骤，以确保学生在完成任务的过程中不仅提升语言能力，还能发展核心素养。以下是任务型教学法在小初衔接阶段的详细实施步骤：

（1）任务设计与规划

学情分析：首先，教师需深入了解学生的实际情况，包括他们的认知水平、兴趣爱好、学习习惯及已有知识基础等，为任务设计提供依据。

目标设定：根据教学内容和学生特点，明确任务的教学目标，包括语言技能提升、知识掌握、思维能力培养等多个维度，确保任务设计具有针对性和实效性。

任务分层与差异化设计：将任务细分为不同难度和类型，以适应不同学生的学习需求。设计基础任务、挑战任务及拓展任务，确保每个学生都能在适合自己的任务层次中获得成就感和发展空间。

（2）任务呈现与引导

任务呈现：以生动有趣的方式向学生呈现任务，通过故事引入、情景模拟或问题提出等方法，激发学生的学习兴趣和探究欲望，引导他们理解任务的意义和重要性。

任务分析：与学生一起分析任务的具体要求、关键信息和潜在难点，明确完成任务所需的步骤、方法和资源。通过讨论、提问和示范等方式，帮助学生构建解决问题的初步思路。

（3）任务执行与指导

独立或合作完成任务：鼓励学生根据任务要求独立或合作完成任务。在独立完成任务时，培养学生的自主学习能力和责任感；在合作完成任务时，提升学生的团队协作精神和沟通能力。教师在此过程中提供必要的指导和支持，及时解答学生的疑问，确保任务顺利进行。

过程监控与调整：在任务执行过程中，教师需密切关注学生的进展情况，及时发现问题并提供个性化指导。对于遇到较大困难的学生，可提供额外的帮助或调整任务难度；对于表现出色的学生，可给予更高层次的挑战任务以激发其潜能。

（4）成果展示与评价反馈

成果展示：学生完成任务后，组织成果展示环节。通过口头报告、书面作业、实物展示或多媒体演示等方式，让学生展示自己的学习成果。此环节旨在锻炼学生的表达能力和自信心，同时促进学生之间相互学习和启发。

评价与反馈：建立多元化评价机制，从任务完成质量、学习态度、团队合作等多个方面对学生进行评价。采用正面反馈和适当奖励的方式，肯定学生的努力和成就，同时指出存在的不足并提供改进建议。鼓励学生进行自我反思和总结，使他们不断进步和成长。

（5）任务延伸与拓展

拓展学习与探究：在完成基础任务后，引导学生进一步探究相关主题或问题，拓展他们的知识面和思维能力。通过提供补充阅读材料、组织专题讨论或开展实践活动等方式，激发学生的探究兴趣和求知欲，促进他们的深度学习和发展。

通过以上详细而具体的实施步骤，任务型教学法在小初衔接阶段的语文教学中能够充分发挥其作用，帮助学生在完成任务的过程中实现语言能力和核心素养的双重提升。

3. 任务型教学法的优势

激发学生的学习兴趣：通过设计有趣、实用的任务，任务型教学法能够激发学生的学习兴趣和积极性，使他们在完成任务的过程中获得成就感和自信心。

提高学生的语言能力：通过完成任务，学生能够在实际语境中运用语言知识，提升他们听、说、读、写等各方面的语言能力。

培养学生的问题解决能力：任务型教学法要求学生在完成任务的过程中遇到问题并寻求解决方案，有助于培养他们解决问题的能力和批判性思维。

提升学生的合作与交流能力：通过小组合作完成任务并进行展示交流，任务型教学法能够增强学生的团队合作精神和提升沟通能力。

任务型教学法是核心素养导向之下的一种有效的语文教学方法，它强调以学生为中心、以任务为核心，通过完成任务来提升学生的语言能力、问题解决能力、合作与交流能力等核心素养，与新课标中构建语文学习任务群的理念相契合。这种教学方法能够激发学生的学习兴趣和积极性，使他们在实践中掌握知识和技能，提高他们的综合素质。

三、合作学习法

合作学习法是一种富有创意和实效的教学理论与策略体系，它与新课标中强调的"积极倡导自主、合作、探究的学习方式"高度契合，在核心素养导向下的语文教学中占据着重要的地位。该方法强调学生之间的合作与互动，通过小组或团队的形式，鼓励他们共同参与、相互协作，通过集体的努力来完成学习任务，从而培养他们的团队合作精神、沟通能力以及自主学习能力。

1. 合作学习的特点与实施策略

（1）互动性：合作学习法注重学生与学生之间的互动，这是其核心特点之一。通过讨论、交流、分享等方式，学生共同参与问题的解决和学习任务的完成。这种互动不仅促进了学生之间的思想碰撞，还为他们提供了相互学习和启发的机会。在小初衔接阶段，教师应积极营造互动氛围，鼓励学生勇于表达自己的观点，倾听并尊重他人的意见，从而培养学生的沟通能力和团队协作精神。可以采用以下策略：

一是建立互动平台，在课堂上设置专门的讨论环节，利用小组讨论、角色扮演等形式，为学生提供互动的机会。

二是引导有效交流，教授学生如何进行有效沟通，包括倾听技巧、提问方式等，确保互动过程中的信息流通畅通无阻。

（2）合作性：合作学习强调学生之间的合作，要求他们分工协作、相互配合，共同为完成学习任务而努力。在合作过程中，学生需要学会倾听、尊重、协商和妥协，这些技能对于小初衔接阶段的学生来说尤为重要。通过合作，学生能够学会如何在团队中发挥自己的作用，同时也能够理解并接受他人的贡献。可以采用以下策略：

一是合理分组，根据学生的性格、兴趣、学习能力等因素进行分组，确保小组内成员具有多样性并能够实现互补学习。

二是明确角色与责任，为小组成员分配具体角色（如组长、记录员、汇报员等），明确各自的责任和任务，确保合作有序进行。

三是培养合作意识，通过团队建设活动、合作项目等方式，增强学生的合作意识，让他们体验到合作的力量和乐趣。

（3）自主性：合作学习法鼓励学生在合作中自主学习，发挥主观能动性，积极探索和解决问题。在合作学习的过程中，学生需要学会独立思考并提出自己的见解和看法，同时也要学会接受他人的批评和建议，不断完善自己的认知。这种自主性不仅有助于提升学生的学习效果，还能培养他们的创新精神和终身学习能力。可以采取以下策略：

一是激发学生自主学习动力，通过设定具有挑战性的学习任务、提供丰富的学习资源等方式，激发学生的学习兴趣和探究欲望。

二是培养学生独立思考能力，鼓励学生在合作中积极发言、提出疑问和见解，培养其独立思考能力和批判性思维。

三是建立及时有效的反馈机制，让学生了解自己的学习进展和存在的问题，并引导其进行自我反思和调整策略。

合作学习法在小初衔接阶段的应用应注重互动性、合作性和自主性的培养。通过合理的实施策略，教师可以有效地促进学生在这些方面的成长和发展，为他们未来的学习和生活奠定坚实的基础。

2. 合作学习法的实施步骤

在核心素养导向下的语文教学中，合作学习法的实施需遵循一系列具体而细致的步骤，以确保学生在合作过程中不仅能够提升语言能力，还能培养团队协作、创新思维和自主学习能力。

（1）前期准备

合理分组：教师深入了解学生的兴趣爱好、学习能力及性格特点，据此将学生合理分组，确保每个小组内成员具有多样性，能够相互补充、共同进步。分组时，可兼顾学生间的友好关系，以促进更有效的合作。

明确任务：教师向各小组清晰阐述学习任务和目标，确保每位成员都明确小组的责任和任务要求。同时，对任务的难度和可行性进行细致评估，确保任务既具有挑战性又能激发学生潜能，促进他们的全面发展。

（2）合作过程

小组内分工：在小组内部，成员根据各自的优势和特长进行明确分工，确保每个人都能发挥自己的长处。在分工过程中，鼓励学生积极协商、妥协，共同制定合作计划，培养团队合作精神和协商能力。

合作探究：小组成员围绕任务展开合作探究，通过讨论、交流、实验等多种方式共同寻找解决方案。教师在此过程中扮演引导者角色，适时提供必要的指导和帮助，引导学生学会合作、学会探究，培养他们的自主学习能力和批判性思维。

提供支持与指导：教师在合作学习过程中密切关注各小组的进展，及时解答学生疑问，提供有针对性的建议。对于遇到困难的小组或个人，给予特别关注和帮助，确保合作学习的顺利进行。

（3）成果展示与反馈

成果展示：各小组完成学习任务后，学生以口头报告、书面作业、实物展示或多媒体演示等形式展示合作成果。展示过程中，鼓励学生积极表达观点和想法，同时倾听他人意见，相互评价、相互学习。

建立评价机制：制定科学合理的合作学习评价机制，从任务完成质量、合作态度、创新思维等多个维度全面评价学生在合作学习过程中的表现和贡献。通过正面反馈和适当奖励，激发学生的学习积极性和合作热情，促进他们全面发展。

反馈与调整：教师根据学生的学习情况和反馈，对合作学习法的实施效果进行深入评估。总结成功经验，分析存在的问题和不足，并据此及时调整教学策略和方法；同时，引导学生进行自我反思和总结，促进他们不断进步和成长。

通过以上详细而具体的实施步骤，合作学习法能够在小初衔接阶段的语文教学中充分发挥其优势，帮助学生在合作中提升语言能力、培养核心素养并实现全面发展。

3. 合作学习法的优势

提高学生的学习效率：通过合作学习，学生可以相互借鉴、相互启发，从而更快地找到问题的解决方案。同时，合作学习还可以促进学生的思维碰撞和灵感激发，提高他们的学习效率和创造力。

培养学生的团队合作精神：合作学习法要求学生在合作中完成任务，这有助于培养他们的团队合作精神和协作能力。在合作过程中，学生需要学会倾听他人的意见、尊重他人的观点、与他人协商和妥协等技能，这些都是团队合作精神的重要组成部分。

提升学生的沟通能力：在合作学习过程中，学生需要与他人进行频繁的交流和沟通。这不仅可以提升他们的口头表达能力和沟通能力，还可以帮助他们学会如何与他人建立良好的人际关系和合作关系。

增强学生的自主学习能力：合作学习法鼓励学生在合作中自主学习、积极探索和解决问题。这有助于培养学生的自主学习能力和创新精神，同时也可以帮助他们学会如何独立思考和解决问题。

合作学习法是核心素养导向下的一种有效的语文教学方法，它与新课标积极倡导的学习方式相一致，强调学生之间的合作与互动，鼓励他们共同努力完成学习任务。这种方法不仅有助于培养学生的团队合作精神、沟通能力和自主学习能力等核心素养，还能激发学生的学习兴趣和积极性，提高他们的学习效率和综合素质。因此，在实际教学中，教师应该积极运用合作学习法，为学生的全面发展创造更好的条件。

四、跨学科整合法

在核心素养导向下的语文教学中，跨学科整合法是一种重要的教学方法。它积极响应了新课标中"拓宽语文学习和运用的领域，注重跨学科的学习和现代科技手段的运用，使学生在不同内容和方法的相互交叉、渗透和整合中开阔视野，提高学习效率，初步养成现代社会所需要的语文素养"的理念。跨学科整合法强调将多个学科的知识、方法和思维融合在一起，共同作用于语文教学，以提升学生的综合素养和创新能力。

1. 跨学科整合法的特点

多元性：跨学科整合法不仅关注语文学科内的知识，还积极引入其他学科的相关内容，如历史、科学、艺术等，形成多元化的教学内容。这种多元性不仅丰富了学生的学习体验，还使他们能够从多个角度与层面去理解和运用语文知识，从而培养他们的综合素养和创新能力。

整合性：该方法强调将不同学科的知识、方法和思维有机地整合在一起，打破学科壁垒，形成一个相互联系、相互渗透的教学体系。通过这种整合，学生可以更加深入地理解语文知识的内涵和外延，同时还能够掌握其他学科的知识和方法，为他们的全面发展打下坚实的基础。

创新性：跨学科整合法鼓励教师设计出富有创意的教学活动，如跨学科的项目式学习、主题式探究等。这些活动不仅能够激发学生的学习兴趣和积极性，还能够培养他们的创新思维和实践能力。通过这种创新性的教学方式，学生可以更加深入地探索语文知识的奥秘，同时还能够锻炼他们解决问题的能力和团队协作的能力。

2. 跨学科整合法的实施步骤

确定主题：教师首先需要根据教学目标和学生的实际情况确定一个具有跨学科性质的教学主题。这个主题应该能够涵盖多个学科的知识和方法，同时具有趣味性和挑战性，能够激发学生的学习兴趣和探究欲望。

整合资源：在确定主题后，教师需要积极整合不同学科的教学资源，包括教材、图片、视频、实物等。这些资源应该能够支持跨学科教学活动的开展，同时还需要具有多样性和丰富性，以满足不同学生的学习需求。

设计教学活动：在整合资源的基础上，教师需要结合跨学科整合的理念，设计出具有创新性和趣味性的教学活动。这些活动可以包括角色扮演、情景模拟、小组讨论、跨学科项目等，旨在使学生在活动中能够充分运用跨学科的知识和方法，培养他们的综合素养和创新能力。

实施教学：在教学过程中，教师需要引导学生积极参与活动，鼓励他们从不同学科的角度去思考问题、解决问题。同时，教师还需要关注学生的个体差异和不同的学习需求，为他们提供个性化的指导和支持。

评估与反思：教学结束后，教师需要对学生的表现进行评估，了解他们的跨学科学习情况和思维能力；同时，教师也需要对自己的教学进行反思和总结，分析教学中存在的问题和不足，不断完善跨学科整合法的实施策略，提高教学效果。

3. 跨学科整合法的优势

拓宽学生的视野：通过跨学科整合法的教学，学生可以接触到更多领域的知识和方法，从而拓宽他们的视野和认知范围。这种拓宽不仅有助于学生更好地理解和运用语文知识，还能够培养他们的综合素养和创新能力。

提升学生的综合素养：跨学科整合法有助于提升学生的语文素养以及其他相关学科的核心素养，如历史素养、科学素养、艺术素养等。通过这种综合素养的提升，学生可以更好地适应未来社会发展的需求，成为具有全面能力和素质的人才。

培养学生的创新能力：跨学科整合法鼓励学生从不同学科的角度去思考问题，有助于培养他们的创新思维和创新能力。这种创新能力的培养不仅有助于学生在学术领域的发展，还能够为他们的未来职业生涯打下坚实的基础。

提高教师的教学水平：通过实施跨学科整合法，教师需要不断更新自己的知识结构、提升整合资源和设计教学活动的能力。这种能力的提升不仅有助于教师更好地适应新时代的教学需求，还能够促进他们的专业成长和发展。

跨学科整合法是核心素养导向下的一种有效的语文教学方法，它积极响应新课标的理念，通过将多个学科的知识、方法和思维融合在一起，共同作用于语文教学，有助于提升学生的综合素养和创新能力；同时，这种教学方法也对教师提出了更高的要求，需要教师具备跨学科的知识储备和整合能力，以更好地适应新时代的教学需求。

第五章 素养导向的小初衔接语文读写结合教学

在核心素养导向下，教师需要发挥语文课程的育人功能，通过开展阅读、表达类教学活动，使学生重视知识积累，引导其勤于思考、乐于实践、勇于探索，以此培养读书兴趣，提高阅读能力、写作能力和综合素养。对此，教师为了增强语文读写教学的有效性，特别是在小初衔接阶段，可以创建多样化读写结合活动，利用写作激发学生的阅读动力，促进其自主阅读。借助阅读活动，提高学生自由表达的热情和文学创作的兴趣，使其在读写实践中得到核心素养发展，提升语文学习质量，顺利过渡到初中阶段的学习。

一、小初衔接语文读写结合教学概述

读写结合是语文教学的重要原则，尤其在小初衔接阶段，其重要性更为凸显。在这一关键时期，教师需要特别注重在教学过程中引导学生通过阅读积累丰富的语言知识，掌握多种写作方法，并了解各种写作思路，从而为创作出有逻辑、有内容的文学作品奠定坚实的基础。同时，教师还应鼓励学生在探究写作知识、进行写作练习的过程中主动发现自己的不足之处，进而形成强烈的阅读学习意识，使他们更加主动地阅读文章、吸收知识，最终达到"以读促写、以写促读"的教学效果。

在小初衔接阶段实施读写结合教学，不仅可以有效培养学生阅读学习和迁移实践的意识，提高他们的阅读与写作能力，还能进一步培养他们的逻辑思维、联想思维、审美能力和创造能力等，从而全面促进学生核心素养的发展。这为学生在初中阶段的深入学习打下了坚实的基础，有助于他们更好地适应初中阶段的学习要求，实现小初学习的平稳过渡。

二、小初衔接语文读写结合教学要点

1. 增强读写结合的融合性

在小初衔接的语文读写结合教学中，教师需要特别关注阅读与写作之间的契合点和衔接点。通过设计有效的读写结合活动，教师应增强读写教学的融合性，充分发挥阅读与写作之间相互促进、相互影响的作用。具体而言，教师可以利用"以写促读"的策略引导学生通过写作来提高阅读能力、积累丰富的写作知识；同时，通过"以读促写"的方式帮助学生提高写作能力，使其更加灵活地运用语言知识，增强写作内容的可读性。

2. 渗透核心素养教育

在小初衔接的语文读写结合教学中，教师应以核心素养为导向创建读写结合环节。除了培养学生的阅读能力和写作能力之外，教师还应引导他们对知识进行深入思考、迁移思考，感受文学作品中的各种美感，以此培养他们的思维能力和审美能力。此外，教师需要让学生拓展与文章有关的其他方面，引导他们探究优秀作品的文学价值，以此培养其文化自信，并使学生在小初衔接阶段实现核心素养的全面发展。

三、小初衔接语文读写结合教学措施

1. 开展以写促读活动，提高阅读学习效果

在小初衔接阶段，为了调动学生主动阅读的积极性，教师可以结合写作教学，组织多种以写促读活动。这些活动旨在培养学生探究语言知识、写作知识的意识，引导他们深入挖掘文学资源，探索优秀文学作品中的相关知识，使其初步掌握写作方法、表达方法等。同时，这些活动还应注重强化小初衔接，帮助学生顺利过渡，提高他们阅读探知、阅读理解的能力。

（1）探究写作手法，解读关键字词

在小初衔接阶段，教师可以围绕写作手法知识，结合文章关键词句，开展以写促读活动。首先，教师带领学生阅读课文，让他们找出文中有特点的词句，初步探究相关的写作手法、修辞手法等。在此过程中，教师应注重引导学生回顾小学阶段所学的相关知识，帮助他们建立新旧知识之间的联系。其次，教师让学生用文中的形容词、介词、比喻句、拟人句等知识进行造句练习，鼓励他们尝试运用新学的写作手法进行创作。再次，教师引导学生针对所造句子进行深度思考，激发其主动探究语言知识的兴趣。教师应鼓励学生自觉阅读和分析课文内容，研究语言知识的运用方法，在造句练习中提高语言能力和知识实践能力。同时，通过这些活动，学生也能在小初衔接阶段更好地适应新的学习要求，提高阅读探知的效果。

以统编版小学《语文》六年级上册第一单元中《丁香结》的教学为例。首先，教师带领学生阅读课文，让他们找出文中有特点的词句，初步探究相关的写作手法、修辞手法等，如文中的"雪白""星星般"等形容词以及"有的……有的……"等排比句式。其次，教师让学生用文中的形容词、排比句等知识进行造句练习。再次，教师引导学生针对所造句子进行深度思考，激发其主动探究语言知识的兴趣，使其能够自觉阅读和分析课文内容，研究语言知识的运用方法，在造句练习中提高语言能力和知识实践能力，同时提高阅读探知的效果。

（2）研究写作思路，对比阅读文章

同一种体裁或同一个主题的文章，可以有不同的表达方式和表达思路。在小初衔接阶段，为了开阔学生的写作思路，提高他们布局谋篇的能力，教师可以结合多篇文章组织对比阅读探知活动。教师先出示几篇文章的题目及内容提示，让学生对已知的信息进行讨论，分析可以从哪些角度，用怎样的思路进行内容叙述，使其初步体会布局谋篇的技巧。在此过程中，教师应注重引导学生回顾小学阶段所学的相关体裁或主题的文章，帮助他们建立新旧知识之间的联系，从而更好地适应初中阶段的写作要求。

同时，教师可以借此引发学生对文章的好奇心，提高其阅读的积极性，让他们自行阅读文章，比较不同文章的不同写作思路。通过阅读对比，学生可以更加直观地感受到不同写作思路所带来的不同阅读体验，从而培养他们的思维能力，使其掌握多种布局谋篇的方法。此外，教师还可以鼓励学生尝试模仿不同文章的写作思路进行创作，让他们在实践中不断锻炼和提高自己的写作能力，为初中阶段的深入学习打下坚实的基础。

以统编版小学《语文》六年级上册第八单元中《好的故事》和《我的伯父鲁迅先生》教学为例。这两篇课文都属于回忆叙事类文章，教师首先出示课文题目，提示一篇是鲁迅创作的散文诗，一篇是回忆鲁迅先生的文章，让学生交流讨论并猜想两篇文章的写作思路。比如，《好的故事》可围绕梦境中的美好景象，按照时间或空间顺序进行叙述；《我的伯父鲁迅先生》可从多个生活片段出发，展现鲁迅先生的不同面貌。学生通过猜想，能够对课文内容产生浓厚阅读兴趣，同时初步形成一定的逻辑思维。其次，教师可让学生对比阅读两篇课文，让他们探索文中表示写作思路的词句，梳理文章的写作脉络，使其进一步掌握回忆叙事类文章的多种写作思路。比如，《好的故事》通过"我仿佛记得""现在我所见的故事也如此"等句子，展现作者由现实到梦境再到现实的写作思路；《我的伯父鲁迅先生》则通过回忆不同时间、不同地点的几件事，展现了鲁迅先生的多个侧面，说明此篇文章是按照事情发展的顺序进行描写。最后，教师让学生整理两篇课文的写作思路，使其掌握不同叙事顺序的布局谋篇方法，同时，提高比较阅读学习的质量。

2. 开展以读促写活动，提高语文写作能力

在小初衔接阶段，教师可以结合课内、课外丰富的阅读资源，开展多样化以读促写教学活动，如仿写活动、表达活动、创作活动等。这些活动旨在引导学生根据阅读内容进行拓展写作，以此活跃他们的逻辑思维、联想思维、想象思维等，同时强化小初衔接，帮助他们顺利过渡到初中写作学习阶段，提高其迁移实践和独立写作的能力。

（1）鉴赏文学作品，开展仿写活动

教师可以利用以读促写教学活动培养学生发现美、感知美的审美鉴赏能力，同时培养其表达美、创造美的写作能力。在小初衔接阶段，教师应特别注重结合内容优美的文章，组织阅读仿写活动。让学生自行阅读文章，鉴赏文中的语言，感知文字背后的情感，探究文章的内涵、寓意、意境等，以此体会文中的各种美感。

在此过程中，教师应引导学生回顾小学阶段所学的相似体裁或主题的文章，帮助他们建立新旧知识之间的联系，从而更好地适应初中阶段的写作要求。另外，教师需要根据文章的体裁或主旨设计相似或相关的主题，让学生结合生活经验，仿照文章内容和文中语言进行写作练习。通过仿写活动，学生可以更好地掌握不同体裁或主题的文章的写作方法和技巧，提高知识迁移的水平，并进一步提升其审美创造能力。

以统编版小学《语文》六年级上册第一单元中《草原》教学为例。《草原》是老舍先生创作的一篇散文，通过描写草原的美丽景色和蒙古族人民的热情好客，表现了民族团结的精神。文章语言优美，情感真挚，具有很高的文学鉴赏价值。对此，教师为了提高学生的美感感知能力和审美创造能力，可以开展鉴赏仿写活动。

首先，教师让学生仔细阅读课文，深入分析文中的词语、句子，感受散文的语言美、意境美、情感美。比如，文中用"无边的绿毯""白色的大花""中国画"等比喻手法形象地描绘了草原的景色；用"欢呼""飞驰""襟飘带舞"等词语生动地表现了蒙古族人民的热情。学生通过阅读课文，能够充分感受散文的各种美感。

其次，教师可以"家乡风景"为题，让学生选择一处家乡的风景或特色，运用课文中的写作手法，尝试创作一篇简短的散文展现家乡的美，以此提高学生表达美、创造美的能力。

（2）组织课外阅读，表达阅读感悟

为了增强学生的文化自信，使其充分感受文学艺术的魅力，提高继承和弘扬中华优秀传统文化的意识，教师可以结合课外资料，组织整本书阅读和感悟分享活动。在小初衔接阶段，这一活动尤为重要，因为它不仅有助于学生适应初中阶段的阅读要求，还能让他们在更广阔的文学天地中遨游。

教师可以让学生独立阅读一本经典的文学名著，要求他们在阅读过程中研究作者的写作手法，分析文中人物的形象和性格特征，理解名著的深层内涵等。这样，学生就能对名著产生更多的感悟，同时也能提升他们的阅读能力和文学素养。

阅读结束后，学生需要写一篇读后感，表达对名著的看法，并总结在阅读中收获的知识。在课堂上,教师鼓励学生分享阅读感悟,让他们通过倾听和交流,体会名著的文学价值。同时,教师可以引导学生将小学阶段的阅读经验与初中阶段的阅读要求相结合,帮助他们更好地适应新的学习阶段。通过举行这样的活动,学生更加热爱中华文化,并在小初衔接阶段打下坚实的基础。

以统编版小学《语文》六年级下册第二单元中《鲁滨逊漂流记(节选)》教学为例。此篇课文选自英国作家丹尼尔·笛福的著名小说《鲁滨逊漂流记》,讲述了鲁滨逊在一次航海中遇险流落荒岛,通过自身努力生存下来的故事。对此,教师可以利用本课开展《鲁滨逊漂流记》整本书阅读活动,让学生运用课上学习的方法,独立阅读名著,自主探究鲁滨逊在荒岛上的生活经历,并分析鲁滨逊的性格特点,理解他面对困境时的勇气和智慧。同时,鼓励学生写读后感,让他们记录阅读名著的感受,讲述从名著中领悟的人生道理等。教师需要合理设置读后感的写作要求,比如,读后感要结合个人实际生活,表达对鲁滨逊精神的看法,可以举例说明文中的道理,也可以运用多种修辞手法和表达方式。

另外,教师为了调动学生写读后感的积极性,可以创建交流分享活动,让学生主动分享自己的读后感,引导他们针对每个人物的感悟进行交流,深入探讨名著中的文学知识,以此深化学生的文化底蕴,提高他们的文化自信。

(3)设计阅读话题,引导想象创作

为了培养学生的想象思维、创造思维,提高其文学创作的能力,并强化小初衔接,教师可以结合文章内容,围绕阅读话题,开展想象创作活动。在小初衔接阶段,这一活动不仅能够激发学生的创作热情,还能帮助他们逐步适应初中阶段的写作要求。

教师可先让学生阅读一篇文章,引导他们了解此文的体裁、理解文章主题的含义、分析作者的写作意图,以及掌握文中的写作手法等。在阅读过程中,教师可以适时地引导学生回顾小学阶段所学的相似体裁或主题的文章,帮助他们建立新旧知识之间的联系。

接着,教师再根据文章内容,设计与之相似的话题,让学生围绕话题进行讨论。在讨论过程中,教师应鼓励学生积极探索相关信息,探讨写作的方向,并结合拓展信息进行想象创作。通过这一环节,学生可以初步尝试将小学阶段的写作经验与初中阶段的写作要求相结合,为后续的深入学习打下基础。

另外,在创作过程中,教师可以引导学生灵活运用已掌握的语言知识,以此丰富写作内容,让文章更具有感染力。同时,教师还可以针对学生在创作过程中遇到的困难进行有针对性的指导,帮助他们克服写作障碍。通过这样的活动,学生可以逐步适应初中阶段的写作要求,并在想象创作的过程中不断锻炼和提高自己的文学创作能力。

以统编版小学《语文》六年级上册第三单元中《宇宙生命之谜》教学为例。这是一篇说明文，作者用多种说明方法，阐述了地球之外是否有生命存在的问题。在以读促写教学中，教师先让学生阅读课文，让他们讨论作者运用了哪些说明方法，列举了哪些例子，从哪些角度进行观点阐述，提到了哪些科学知识等。比如，"地球自转一圈是 23 小时 56 分 4 秒……"这一句运用了列数字的说明方法；"从理论上说，宇宙是无限的……"这一段用了作比较的说明方法，强调银河系的渺小；"意大利天文学家观察到的所谓'运河'……"这一句用了举例子的说明方法，说明火星与地球的相似度很高。作者描述了金星、火星、水星等其他星球的特征，利用现实环境表明除地球以外还未发现其他生命的存在。教师通过指导学生阅读，能够使其理解文章的中心思想，了解说明文的写法。

教师可以围绕"宇宙中是否存在其他生命"这一话题开展想象创作活动，引导学生结合课文内容，依据文中的科学知识进行课文改写创作，让他们将说明文改写成叙事文或童话故事，用更加生动的语言讲述地球、水星、金星等星球的特点，说明生命存在的必要条件，表达"人类至今尚未在宇宙中找到除地球以外的其他生命"这一观点。教师结合课文布置想象创作任务，既可以激发学生改写课文的兴趣，培养他们的创新思维、想象力和创造力，还能借此提升其语言运用能力和审美创造能力。

综上所述，为了增强小学语文读写教学的实用性和有效性，有效落实语文核心素养教育，让学生形成较强的读写能力和综合素养，并为小初衔接打下坚实基础，教师可以利用多种手段，结合丰富的资源，组织丰富多样的以读促写、以写促读类的教学活动。在这些活动中，教师应特别注重小初衔接的理念与内容，确保教学活动既符合小学阶段学生的学习特点，又能为他们顺利过渡到初中阶段的读写学习做好准备。通过把阅读与写作科学融合，学生在读写练习中积累了更多的语文知识，掌握了汉语语言的灵活用法，增强了思维的灵活性、敏捷性等，从而促进了核心素养的发展，实现了小初衔接的平稳过渡。

第六章　素养导向的小初衔接高质量备课路径

《义务教育语文课程标准（2022年版）》的出台，不仅为语文教学指明了方向，还特别强调了在小初衔接阶段，通过提升学生的语文核心素养来促进其全面发展，同时关注学生的能力培养和价值观塑造。这一时期，学生身心发展迅速，面临着认知方式、学习习惯及心理特征的显著变化，这对教师的教学设计与实施提出了更高的要求。在此背景下，新课标积极倡导大单元备课理念，为小初衔接的高质量备课提供了强有力的理论支撑和实践路径。

一、高质量备课的概述

1. 新课标下的语文教学新挑战

新课标的实施，为语文教学设立了更高标准，要求语文教学不仅传授知识，更要融入真实语言运用情境，促进学生在积累言语经验的同时，深化对祖国语言文字的理解与热爱，全面提升语文核心素养。这一转变对小初衔接阶段的备课活动提出了更高要求，需要教师具备更强的课程设计能力和学情分析能力。

2. 学习任务群与大单元教学的价值

学习任务群作为新课标的核心，通过构建内在逻辑关联的学习任务体系，为学生提供了全方位的语言实践平台。大单元教学则在此基础上，强调整体性、系统性的教学设计，将学习任务群深度融合于单元教学之中。在小初衔接阶段，这种教学模式尤为关键，有助于学生在完成多样化任务的过程中实现知识、技能与情感的全面进步，为初中学习打下坚实基础。

3. 研究目的与现实意义

高质量备课的研究，旨在深入探索小初衔接视域下大单元高质量集备的有效路径。通过全面解读教材单元内容，精准定位学习任务群归属，确保教学内容符合新课标理念；同时，明确各任务群的教学重点和内在联系，为教师提供清晰教学指导，帮助学生顺利过渡到初中阶段的学习。

二、高质量备课的核心要素

1. 强化小初衔接意识

在备课过程中，教师应时刻保持"小初衔接"的意识，不仅要关注当前教学内容与学生已有知识结构的衔接，更要预见性地考虑学生未来在初中阶段可能遇到的学习挑战。通过设计过渡性的教学内容和活动，帮助学生逐步适应初中学习节奏和要求。

2. 深入解读课程标准与教材

备课的首要任务是深入理解课程标准，准确把握第三、第四学段语文教学的核心目标和要求。同时，对教材进行全面细致的研读，明确教材的编排意图、知识结构以及各知识点之间的内在联系，确保教学设计既符合课程标准，又贴近学生的实际需求。

3. 精准分析学情

学情分析是备课过程中重要的一环。通过多维度、多方法的数据收集，了解小初衔接阶段学生的知识基础、能力水平、学习习惯及兴趣点，识别学生的共性问题与个体差异，为制定差异化教学目标和教学活动提供依据。

4. 明确教学目标

教学目标是备课的导向标。根据课程标准、教材内容及学情分析，制定具体、明确、可操作的教学目标，确保教学活动始终围绕目标展开，有效促进学生核心素养的发展。

5. 优化教学内容与方法

在备课过程中，根据教学目标和学生特点，精心选择和组织教学内容，采用多样化的教学方法和手段，激发学生的学习兴趣，提高教学效果。同时，注重跨学科知识的融合与拓展，培养学生的综合素养。

6. 注重过程性评价

评价是备课的重要反馈环节。通过设计科学合理的评价体系，关注学生在学习过程中的表现与成长，及时反馈教学信息，调整教学策略，确保教学目标的顺利达成。同时，倡导多元化评价主体，形成教育合力。

三、大单元高质量集备的有效路径

1. 全面解读教材，精准定位任务群

（1）分析教材单元内容

全面解读课程标准是备课的首要任务。在小初衔接阶段，教师应深入理解新课标关于小初衔接的具体要求，明确教学任务群与核心素养之间的关系。同时，对教材进行全面细致的研读，分析单元的人文主题、语文要素、课后习题以及语文园地等板块，确保教学设计既符合课程标准，又贴近小初衔接阶段学生的实际需求。

一是明确单元的人文主题与语文要素。如统编版小学《语文》六年级下册第五单元的人文主题为"科学精神"，语文要素是体会文章用具体事例说明观点的方法，展开想象写科幻故事。学习时要求学生既对科学探索有着热爱，同时又能够理性思考，这需要学生具备良好的阅读理解能力、逻辑思维能力、批判性思维等。

二是研读教材文本。逐篇研读单元课文，理解每篇课文的核心内容、情感表达、写作手法等。如六年级下册第五单元有文言文、议论文、叙事性散文、回忆性散文，不同的文体表达方式也不一样，需要教师逐篇阅读，找到异同之处。

三是分析课后习题与交流平台。分析课后习题的设计意图，了解其在单元中承担的语文要素落实任务。关注知识点的巩固和拓展，关注交流平台中的讨论点，把握学生的学习难点和兴趣点。

四是梳理语文园地。梳理语文园地中的各个板块内容，如日积月累、词句段运用等，了解其对单元知识点的补充和延伸作用。

（2）精准定位任务群归属

一要依据文本与语文要素。结合文本内容、课后习题和语文要素的要求，判断该单元所属的学习任务群。

二要前后勾联进行分析。将该单元与前后相邻单元进行比较分析，了解其在教学序列中的位置和作用，确保教学目标的连贯性和递进性。

以统编版小学《语文》六年级下册第五单元为例，该单元围绕"科学探索与理性思考"展开，包括《表里的生物》《真理诞生于一百个问号之后》《他们那时候多有趣啊》等课文。通过全面解读教材，我们发现该单元不仅传授科学知识，还通过具体事例引导学生学会质疑、探索和表达，培养其科学精神和人文素养。从年级内部的教学序列来看，五年级的学生可能已经通过一些科普类文章或实验活动初步接触到了科学知识，并对科学探索产生了一定的兴趣。而到了六年级下学期，特别是六年级课本下册第五单元，这一学习过程得到了深化和拓展。本单元不再仅仅停留于科学知识的简单介绍，而是更加注重培养学生的思辨能力，即如何对科学问题进行质疑、如何设计实验进行探索，以及如何清晰地表达自己的观点和发现。这一转变体现了学生在认知和能力发展上的逐步提升，也是对学生批判性思维和创新能力培养的重要一环，为后续可能涉及的更复杂、更深入的科学探究或文学作品中科学精神的理解奠定了基础。从整个小学阶段的学习进程来看，六年级下学期作为小学阶段的"收官之年"，其教学任务不仅仅是知识的积累，更重要的是能力的提升和素养的养成。第五单元"科学探索与理性思考"正好契合了这一要求，通过引导学生进行科学探索和理性思考，为他们进入初中乃至更高层次的学习生活打下坚实的基础。结合文本内容、课后习题、语文要素的要求，勾联单元在教学序列中的位置和作用，可明确该单元属于"思辨性阅读与表达"学习任务群。

2. 精准分析学情，立足素养定目标

教师应采用多维度数据收集方法，特别要关注小初衔接阶段学生的心理变化和学习特点。通过多种方式，了解学生的知识基础、能力水平、学习习惯及兴趣点，识别学生的共性问题与个体差异。在此基础上，制定差异化教学目标和教学活动。教学目标制定需紧密结合语文学科核心素养的要求，并考虑小初衔接阶段学生的特殊需求。同时，强调小初衔接的重要性，确保学生在知识、技能和心理上都能为初中学习做好准备。

（1）多维分析学情

倡导多维度数据收集。可以用自然观察法，在日常教学中细心观察学生的学习状态，记录学生的行为习惯和学习态度。可以用谈话法了解学生对语文学习的兴趣点、难点及期待。尤其可以采用测试法，如参考六年级区域学业评价阅读题，以数据分析为基础，评估学生的阅读理解能力、信息筛选能力、逻辑推理能力等，识别学生的共性问题和个体差异。

（2）识别学情特点

先看学习基础点：通过分析测试成绩和课堂表现，明确学生已经掌握的阅读技巧和基础知识。

再看学习障碍点：识别学生在阅读理解中的主要障碍。特别是针对六年级区域学业评价阅读题，分析学生在此类题目上的失分原因。

后看学习生长点：基于基础点和障碍点的分析，确定学生需要进一步提升的能力点。

（3）制定学习目标

一要立足学科核心素养，结合语文学科核心素养的要求，制定与单元主题紧密相关的学习目标。二要结合学生实际情况，根据学情分析的结果，制定具体、可操作的学习目标。三要注重目标层次性，设置不同难度的目标，确保每个学生都能在原有基础上获得进步。

以某区某校六年级学生为例，通过一系列学情分析方法，发现在面对六年级区域学业评价阅读题时，该校学生在阅读理解方面存在不同的能力梯度，有的学生已具备较好的词汇积累和简单句型的理解能力，但有的学生在提取关键信息和构建逻辑关系上感到困难。特别是在处理具有深层含义和逻辑推理的题目时，学生的得分率较低。

基于这一学情分析，我们可以制定如下学习目标：

提升信息筛选能力：通过初读文本，学生能够快速准确地从文本中提取关键信息，把握文章主旨。

增强逻辑推理能力：通过单元学习，学生能够运用所学知识，分析和推断文

本中的逻辑关系，理解文章深层含义。

丰富表达方式：结合单元主题，引导学生学会运用具体事例说明观点，提升表达能力，为后续的写作和口语表达打下基础。

3. 科学规划作业，关注过程定评价

评价是备课的重要反馈环节。在小初衔接阶段，教师应更加关注学生的学习过程和表现，通过设计科学合理的评价体系，全面评估学生的学习效果和核心素养发展情况。同时，倡导多元化评价主体，发挥学习共同体的评价功能，鼓励学生自评和互评，促进其自我反思和成长。及时收集反馈信息，调整教学策略，确保教学目标的顺利达成。

（1）科学规划作业

作业设计应紧密围绕单元学习目标，体现层次性、差异性和挑战性。作业内容应覆盖识字与写字、阅读与鉴赏、表达与交流、梳理与探究等多个方面，引导学生自主探究和拓展学习。例如，针对统编版小学《语文》六年级下册第五单元，可以设计以下类型的作业：

阅读拓展作业：推荐学生阅读相关主题的课外读物《流浪地球》《海底两万里》，观看电影《流浪地球》，并撰写读书笔记或读后感、观后感，加深对单元主题的理解。

逻辑思维训练：设计逻辑推理题，让学生在完成作业的过程中锻炼逻辑思维能力。如参看《表里的生物》课后题，画出小冯至的思维过程。

创意写作：鼓励学生结合所学内容，创作科幻故事，培养其表达能力和创新思维。

（2）关注过程性评价

学习态度与参与度：通过观察学生在课堂上的表现、作业完成情况等，评估其学习态度和参与度。

知识与技能掌握情况：通过测试、作业、课堂互动等方式，及时了解学生对单元知识点的掌握情况。

核心素养发展：通过设计多样化的评价活动，如辩论、演讲、小组合作等，评估学生在文化自信、语言运用、思维能力和审美创造等方面的发展情况。

同时，应发挥学习共同体的评价功能，鼓励学生自评、互评，促进相互学习和共同进步。

4. 巧设情境任务，实践探究定活动

教师应根据教学目标和学情分析，设计具有情境性、实践性和综合性的学习活动。这些活动应紧密围绕单元主题展开，注重学生的主体参与和合作探究。通过创设贴近学生生活实际或具有挑战性的学习情境，激发学生的学习兴趣和探究欲望。同时，注重活动设计的连贯性和递进性，确保学生在完成任务的过程中逐步实现小初衔接。

（1）创设真实或模拟情境

教师应根据单元主题和教学内容，创设贴近学生生活实际或具有挑战性的学习情境。例如，六年级中心研讨小组结合区域少先队活动创设了一个"科学探索周"的情境，让学生在模拟的科学活动中完成第五单元的学习任务。

科学小讲坛：围绕某个科学现象或原理进行讲解，培养学生的表达能力和科学精神。

班级辩论会：针对某个科学议题组织辩论活动，锻炼学生的逻辑思维和口头表达能力。

科幻故事创作：引导学生结合所学知识创作科幻故事，培养其想象力和创造力。

（2）设计具有挑战性的任务

任务设计应具有挑战性，能够激发学生的学习兴趣和探究欲望。结合学生实际情况进行分层设计，确保每个学生都能在完成任务的过程中获得成就感。例如，第五单元可以设计如下任务：

阅读任务：要求学生在规定时间内阅读指定篇目，完成相关思考题或读书笔记，围绕某个科学现象或原理进行讲解。

辩论准备任务：引导学生搜集资料、整理观点、撰写辩论稿等，为班级辩论会做准备。

创作任务：鼓励学生发挥想象力创作科幻故事或小论文，并进行展示和分享。

（3）注重实践探究

实践活动是大单元教学的重要组成部分。教师应设计一系列具有实践性的探究活动，让学生在动手操作、合作探究中深化对知识的理解和运用。例如，可以组织学生进行科学实验、社会调查、实地考察等活动，让学生在实践中发现问题、解决问题、积累经验。

5. 加强跨学科整合，拓宽学生视野

在小初衔接阶段，跨学科整合尤为重要。教师应积极寻找语文与其他学科（如科学、历史、艺术等）之间的联系点，设计跨学科的学习任务和项目，拓宽学生的知识视野，培养其综合运用知识解决问题的能力。例如，在"科学探索周"活动中，可以融入物理、化学等科学知识，让学生在创作科幻故事时储备更多科学依据和实验元素。

6. 实施个性化教学，关注每位学生的成长

在小初衔接过程中，学生的个体差异尤为明显。教师应充分利用信息技术手段（如智能教学平台、个性化学习软件等），为每位学生提供定制化的学习资源和路径。通过跟踪学生的学习进度和表现，及时调整教学策略，确保每位学生都能在适合自己的节奏下成长进步。

7. 注重心理调适，关注学生情感发展

小初衔接不仅是知识技能的过渡，更是心理调适的关键时期。教师在备课时应充分考虑学生的心理状态和情感需求，设计能够激发学生积极情绪、增强自信心的教学活动。通过团队合作、角色扮演等方式，培养学生的社交能力和团队协作能力，帮助他们建立良好的人际关系网络。

8. 持续反思与改进，形成闭环备课机制

备课不是一次性的工作，而是一个持续迭代、不断优化的过程。教师应定期对自己的教学设计和实施效果进行反思，收集学生、家长及同事的反馈意见，及时调整和改进教学策略。通过建立闭环备课机制，确保每次备课都能在前一次的基础上有所提升和完善。

综上所述，小初衔接视域下大单元高质量备课的有效路径强调对课程标准的深入理解、学情的精准分析、教学目标的明确制定、教学活动的科学规划、学习资源的整合、过程性评价的关注，加强跨学科整合，注重心理调适，持续反思与改进等措施，这些措施共同作用于促进学生在小初衔接阶段的平稳过渡和全面发展。未来研究可进一步探索如何利用信息技术手段优化备课流程、加强教师培训和支持力度等方面的问题，以不断提升小初衔接阶段语文教学质量。

第二部分

实践篇

第七章　小初衔接阅读教学范式

一、群文阅读教学

在核心素养导向下的语文教学中，群文阅读教学是一种重要的实践方式。它积极响应了新课标中"注重课程内容的整合，突出语文课程内容的时代性、基础性、选择性，促进学生全面而有个性的发展"以及"鼓励学生进行多样性、探究性的阅读，提升阅读素养"的理念。群文阅读教学强调以多篇相关联的文本为一个整体，引导学生围绕一个或多个议题进行深入阅读和集体建构，最终达成共识的过程。这种方法不仅有助于提升学生的阅读素养，还能够促进他们的思维品质、审美鉴赏能力和文化传承意识的发展。

1. 教学准备

（1）文本选择

在基于核心素养的群文阅读教学中，文本选择是教学准备的首要任务，它直接关系到后续教学活动的有效性和学生学习的深度与广度。为了确保文本选择既符合教学目标又贴近学生实际，教师需要综合考虑多个方面因素而进行精心挑选和组合。以下是对文本选择的详细阐述：

紧扣教学目标：文本选择的首要原则是紧扣教学目标。教师应明确本次群文阅读教学的核心目标，比如是提升学生的阅读理解能力、批判性思维能力，还是增强他们的文化传承意识等。然后，根据这些目标选取能够直接支撑或促进目标达成的文本。例如，若目标是培养学生的批判性思维，可选取观点鲜明、论证充分的议论文或评论性文章；若目标是强化文化传承意识，则可优先考虑经典文学作品、传统文化故事等。

考虑学生实际：文本选择还需充分考虑学生的年龄特点、认知水平、阅读兴趣及阅读能力等因素。在小初衔接阶段，学生正从形象思维向抽象思维过渡，阅读兴趣和习惯也在发生变化。因此，教师应选择那些既能满足学生当前阅读需求，又能适当挑战他们认知边界的文本。具体来说，可以选择一些主题积极向上、情节引人入胜、语言生动易懂的作品，同时保持一定的难度梯度，既有适合大部分学生的基础篇目，也有供学有余力的学生进一步探究的拓展篇目。

注重多样性与互补性：群文阅读教学的特点之一是以多篇相关联的文本为一个整体进行教学。因此，在文本选择时，教师应注重文本的多样性和互补性。多样性体现在文本类型、主题、作者、文化背景等多个方面，旨在拓宽学生的视野，丰富他们的阅读体验。互补性则强调文本之间应存在一定的内在联系或对比点，能够引导学生从不同角度、不同层面进行深入阅读和比较分析。例如，可以选择同一主题下不同文体（如记叙文、说明文、议论文）的文本，让学生体会不同文体在表达主题时的差异；或者选择同一作者不同时期的作品，以探讨作者思想情感的变化轨迹。

（2）文本示例

例如可以针对小初衔接阶段学生的学习及心理特点，设计群文阅读教学的主题是"勇气与成长"，教师可以选择以下几个文本作为教学材料：

《小王子（节选）》（安托万·德·圣埃克苏佩里）：选取小王子离开自己星球、探索宇宙的过程中遇到各种挑战并学会成长的故事片段。这部作品以其深刻的哲理和温馨的情感深受读者喜爱，适合引导学生思考勇气与责任、爱与成长的关系。

《鲁滨逊漂流记（节选）》（丹尼尔·笛福）：选取鲁滨逊在荒岛上的生存经历，特别是他面对自然和孤独的挑战时所展现出的勇气和智慧。这部作品适合引导学生思考个人成长、自我挑战以及勇气在极端环境下的体现。

《走一步，再走一步》（莫顿·亨特）：维持原选择，通过作者童年时的一次爬崖经历，阐述面对困难时的小步前进策略，为学生提供应对挑战的实际方法。

《城南旧事（节选）》（林海音）：选取书中英子面对家庭变故和成长困惑时的勇敢与坚韧，展现了中国少女在特定历史时期所展现的勇气与成长，适合作为拓展篇目，引导学生深入思考成长的意义。

通过这样的文本选择，教师不仅构建了一个围绕"勇气与成长"主题的群文阅读体系，还充分考虑了学生的实际需求和文本的多样性与互补性，为后续的深入阅读和集体建构打下了坚实基础。

（3）议题确定

过渡性议题设计：考虑到小初衔接阶段学生认知发展的连续性，议题应兼顾小学高年级学生的既有知识基础和初中起始年级的初步要求。例如，可以围绕"从儿童视角到少年视角的转变"设计议题，引导学生探讨不同年龄段对同一主题（如成长、友谊、勇气等）的不同理解和感受，帮助他们逐步适应更加深入和多元的思考方式。

跨学科融合议题：结合其他学科内容，设计跨学科融合的议题，既拓宽学生视野，又促进知识的综合运用。例如，以"文学作品中的科学元素"为议题，选取包含简单科学原理或现象的文学作品（如寓言中的自然现象解释、科幻小说中的科技设想等），引导学生分析文学与科学的交汇点，激发他们对跨学科学习的兴趣。

现实生活关联议题：选择与学生现实生活紧密相关的议题，增强学习的实用性和趣味性。比如，"传统文化在现代社会的传承与创新"，通过一系列关于传统节日、民俗习惯、民间艺术等主题的群文阅读，引导学生思考如何在快速变化的社会环境中保持和发扬传统文化，同时鼓励其创新性的表达方式。

（4）议题示例

议题："从童话世界到现实社会的桥梁——成长主题的多样呈现"。

背景：小初衔接阶段的学生正经历从童话、寓言等幻想类文学作品向更加贴近现实生活的文学作品过渡的过程。为了帮助他们顺利跨越这一认知门槛，教师可以选取几篇以"成长"为主题但风格各异的文本，如经典的童话《丑小鸭》、当代儿童文学作家许诺晨的代表作《完美一跳》节选，以及反映青少年成长的短篇小说或散文片段，如黄蓓佳的《今天我是升旗手》。

分析不同文本中主人公成长经历的异同点，探讨成长的不同路径和共同要素。在《丑小鸭》中，主人公经历了一系列的挫折和歧视，最终蜕变成一只美丽的天鹅，这一过程象征着主人公从困境中崛起，实现自我价值的成长之路。而在《完美一跳》中，主人公作为跳水运动员，面对挑战与困难，通过不懈的努力和坚持，最终完成了完美的一跳，实现了自我突破和成长。两篇作品虽然风格迥异，但都展现了主人公在逆境中不屈不挠、勇往直前的成长精神。《今天我是升旗手》则更贴近现实生活，通过小学生肖晓渴望当升旗手并为之不懈努力的故事，展现了他在平凡生活中的成长与蜕变。

讨论从童话到现实文学中，"成长"主题表达方式的转变，如情节设置、人物塑造、语言风格等方面的差异。从《丑小鸭》的幻想世界到《完美一跳》的青少年现实生活，再到《今天我是升旗手》的校园生活背景，成长主题的表达方式发生了显著的变化。在情节设置上，《丑小鸭》更多依赖奇幻元素推动故事发展，而《完美一跳》和《今天我是升旗手》则更注重现实生活的描绘和人物内心的刻画。人物塑造上，《丑小鸭》中的主人公更多是一种象征性的存在，而《完美一跳》和《今天我是升旗手》中的人物则更加立体、鲜活，具有鲜明的个性和复杂的心理世界。在语言风格上，随着文学作品的现实化倾向，语言也变得更加质朴、自然，更贴近读者的生活实际。

引导学生思考自己或身边人的成长故事，鼓励他们将文本中的成长智慧应用于现实生活中，形成个人对成长的独特理解。通过比较和分析不同文本中的成长主题，学生可以更加深入地理解成长的多样性和复杂性。同时，他们也可以从文本中汲取成长的智慧，学会面对困境时的坚韧不拔、追求梦想时的勇往直前以及面对挑战时的坚持不懈。这些成长智慧不仅可以帮助他们在文学作品中获得更深的感悟，也可以引导他们将所学应用于现实生活中，形成自己对成长的独特理解和实践。

通过这样的议题设计，学生不仅能够深入理解多篇文本的内涵，还能在比较、分析和综合的过程中，逐步提升阅读素养、思维品质、审美鉴赏能力和文化传承意识，为初中阶段的深入学习打下坚实基础。同时，他们也能够更加自信地面对成长过程中的挑战和困难，勇敢地追求自己的梦想和目标。

2. 教学过程

（1）板块一：导入新课

情境创设：教师根据群文阅读的主题或特点，创设一个与之相关的情境，如展示一组图片、播放一段视频或讲述一个引人入胜的故事，以激发学生的学习兴趣和探究欲望。

概念与方法介绍：在情境导入后，教师简要介绍群文阅读的概念、特点及其在教学中的意义，同时明确本次群文阅读教学的目标和预期的学习成果，帮助学生建立学习的方向。

（2）板块二：文本预览与议题引入

文本分发：教师将预先选定的多篇相关联的文本分发给每位学生，简要介绍每篇文本的基本信息，如作者、写作背景、文体等。

议题确定：结合文本特点和教学目标，教师明确一个或多个具有开放性、探究性和思辨性的议题，引导学生思考这些议题与文本之间的联系，为后续阅读做准备。

（3）板块三：自主阅读

阅读任务布置：学生根据教师提供的文本和议题进行自主阅读。在阅读过程中，学生需圈点勾画文章的重要信息，做好批注和笔记，为后续的讨论和交流准备材料。

个人思考：鼓励学生在阅读过程中积极思考，尝试回答议题，形成自己的初步见解。

（4）板块四：小组讨论

分组讨论：学生按照教师指定的分组方式进行小组讨论。在小组内，学生围绕议题分享自己的阅读感受和见解，相互启发、相互补充，加深对文本的理解和认识。

小组总结：每组推选一名代表或共同整理小组观点，准备在全班范围内进行分享。

(5) 板块五：集体交流

小组展示：各小组代表依次上台展示本组的讨论成果，其他小组认真倾听并记录。

全班互动：在小组展示后，全班范围内进行互动交流。学生可以对其他小组的观点进行提问、补充或质疑，促进思维的碰撞和多元理解的形成。

(6) 板块六：教师总结与提升

综合评价：教师对学生的讨论和交流进行综合评价，肯定学生的积极参与和深入思考，同时指出存在的问题和不足，提出改进建议。

议题深化：教师结合文本内容和学生的讨论成果，对议题进行深入的剖析和阐述，帮助学生形成更加全面、深刻的认识和理解。同时，引导学生将所学知识与现实生活相联系，提升他们的综合素养。

3. 教学反思

在实施基于核心素养的群文阅读教学后，教师应及时进行教学反思。反思内容包括但不限于以下几个方面：

教学目标达成度：评估教学目标是否在教学过程中得到有效落实，学生的学习成果是否达到预期效果。

文本选择与议题设计：反思所选文本是否适合学生的认知水平，议题设计是否具有探究性和思辨性，能否有效激发学生的阅读兴趣。

教学方法与策略：分析教学过程中的各个环节是否有效促进了学生的学习和发展，是否存在需要改进的地方。

学生参与度与反馈：观察学生在课堂上的表现，了解他们的学习需求和反馈意见，以便调整教学策略和方法。

后续教学计划：基于本次教学的反思结果，制定后续教学计划，包括文本选择、议题设计、教学方法等方面的改进措施，以不断提升教学效果和质量。

附　教学设计：《以貌取人　以人取貌》

【学习目标】

1. 能够按照一定顺序细致观察人物长相、衣着等，捕捉人物最突出的特征

2. 学会描写人物外貌的方法，能够根据人物个性抓住外貌特征进行准确、具体的描写

3. 懂得通过人物外貌描写表现人物的个性特征

【教学难点】

学会"以人取貌"，通过人物个性特征选取外貌特点进行描写。

【课前交流】

话题："我喜欢的作家"，交流作家的生平、作品、作品风格及人物形象，激发学生对文学的兴趣，为群文阅读做准备。

【学习过程】

板块一　导入新课

情境创设：

1. 猜人物

教师朗读原文人物描写片段，学生猜人物。

身上挂着件对襟白褂儿，圆圆的脑袋上，两只眼睛活脱脱地乱跳；翘着一只小尖鼻子，一笑，嘴角就向上勾，露出两排尖尖的小虎牙来，时不时地眼珠儿一转，那条小舌头便在牙缝里逗弄，好像在为一件恶作剧发着信号。那一脸的机警和嘎气，是多么的照眼啊！

——小兵张嘎

2. 说特点

你怎么知道他是小嘎子？从哪里看出来？（一脸机警与嘎气，从外貌描写中可知）

3. 明观点

德国哲学家叔本华说："人的外表是表现内心的图画，相貌表达并揭示了人的整个性格特征。"这也就是我们常说的以貌取人。（板书：以貌取人）

4. 再猜人物

瘦瘦的，五十上下，身穿牙黄羽纱的长衫；黄里带白的脸，瘦得教人担心；头上直竖着寸把长的头发，一根一根精神抖擞；隶体"一"字似的胡须；左手里捏着一枝黄色烟嘴，安烟的一头已经熏黑了。

——鲁迅

5. 说特点

你怎么知道这是鲁迅先生？从哪里看出来？（一寸长的头发和"一"字形的胡须）

6. 明方法

可以抓住外貌特点来识记人物形象。

设计意图：通过直观的图片和故事，引导学生初步认识到外貌与个性之间的联系，为后续学习做铺垫。

板块二　文本预览与议题引入

1. 文本分发

教师将预先选定的多篇经典文本节选（关于鲁迅、小嘎子、关羽、林黛玉、王熙凤等的外貌描写片段）分发给每位学生，并简要介绍每篇文本的背景信息。学生重点阅读人物外貌描写部分。

◆身上挂着件对襟白褂儿，圆圆的脑袋上，两只眼睛活脱脱地乱跳；翘着一只小尖鼻子，一笑，嘴角就向上勾，露出两排尖尖的小虎牙来，时不时地眼珠儿一转，那条小舌头便在牙缝里逗弄，好像在为一件恶作剧发着信号。那一脸的机警和嘎气，是多么的照眼啊！

◆瘦瘦的，五十上下，身穿牙黄羽纱的长衫；黄里带白的脸，瘦得教人担心；头上直竖着寸把长的头发，一根一根精神抖擞；隶体"一"字似的胡须；左手里捏着一枝黄色烟嘴，安烟的一头已经熏黑了。

◆身长九尺，髯（rán）长二尺，面若重（zhòng）枣，唇若涂脂，丹凤眼、卧蚕眉，身穿绿锦战袍，相貌堂堂，威风凛凛。

◆身体面庞虽怯弱不胜，却有一段自然的风流态度。两弯似蹙非蹙罥烟眉，一双似喜非喜含情目。泪光点点，娇喘微微。态生两靥之愁，娇袭一身之病。闲静时如姣花照水，行动处似弱柳扶风。心较比干多一窍，病如西子胜三分。

◆头上戴着金丝八宝攒珠髻，绾着朝阳五凤挂珠钗；项下戴着赤金盘螭璎珞圈；裙边系着豆绿宫绦双鱼比目玫瑰佩；身上穿着缕金百蝶穿花大红洋缎窄裉袄，外罩五彩刻丝石青银鼠褂，下罩翡翠撒花洋绉裙。一双丹凤三角眼，两弯柳叶吊梢眉。身量苗条，体格风骚，粉面含春威不露，丹唇未启笑先闻。

2. 学生任务

学生快速浏览文本，初步了解文本内容和人物特点。

3. 议题确定

教师与学生共同建构本次群文阅读的核心议题——"如何通过外貌描写展现人物个性？"引导学生思考这一议题与文本之间的联系。

教师明确议题："文本中的人物外貌是如何被描述的？这些外貌描述与人物的内在品质有何关系？外貌真的能完全反映一个人的内在吗？"引导学生思考这些议题与文本之间的联系。

4. 引导思考

教师提问："这些文本中的作者是如何选取外貌特征来展现人物个性的？你能从中学到哪些方法？"

板块三　自主阅读

1. 具体任务

学生根据教师提供的文本和议题进行深入阅读。在阅读过程中，学生需完成以下任务：

（1）圈点勾画：标出文本中描述人物外貌的关键语句。
（2）批注笔记：记录自己对文本中人物外貌与个性关系的理解和感悟。

2. 初步见解

尝试回答议题，形成自己对如何通过外貌描写展现人物个性的初步见解。

3. 个人思考

教师鼓励学生边读边思考，将文本中的外貌描写与人物个性进行关联，思考作者为什么选择这些外貌特征来描写人物。

板块四　小组讨论

1. 分组讨论

分组策略：教师根据学生阅读能力、兴趣等因素进行异质分组，确保每个小组内成员多样性。

讨论规范：明确小组讨论的规则和流程，如每位成员轮流发言、记录员记录讨论要点等。

讨论内容：围绕议题"如何通过外貌描写展现人物个性"展开小组讨论。学生分享自己的阅读感受和见解，相互启发、补充和质疑。

小组总结：每组推选一名代表或共同整理小组观点，准备在全班范围内进行分享。总结应包括文本中典型的外貌描写例子、作者如何选取特征、这些特征如何反映人物个性等。

板块五　集体交流

小组展示：各小组代表依次上台展示本组的讨论成果。展示形式可以多样，如PPT展示、角色扮演、口头报告等。

学友互动：其他小组的同学在倾听展示的同时，做好笔记，准备后续的互动交流。

全班互动：展示结束后，全班范围内进行互动交流。学生可以向展示小组提问、补充观点或提出质疑。教师适时引导，确保讨论围绕议题展开。

教师点评：教师对学生的展示和互动进行点评，肯定优点，指出不足，并提出改进建议。

小结：看来以貌取人，并不是没有根据的，一个人的五官七孔生成如何，外貌服饰如何打扮，都透露了他的个性特征，这就是以貌取人！因为"人的外表是表现内心的图画，相貌表达并揭示了人的整个性格特征"。

板块六　教师总结与提升

综合评价：教师对学生的讨论和交流进行综合评价，肯定学生的积极参与和深入思考。特别要表扬那些能够准确捕捉人物外貌特征并有效展现人物个性的学生。

议题深化：古话说，相由心生。一个人面相的美丑与其心灵的善恶是相应的。美丽的容颜来自善良的性情。我们要为自己的面容负责，拥有一颗善良的心，一张美丽的面孔！记住，"以貌取人"，让善良从心出发！"以人取貌"，让描写突显个性！

深入剖析：教师结合文本内容和学生的讨论成果，对议题"如何通过外貌描写展现人物个性"进行深入的剖析和阐述。通过具体例子说明作者如何根据人物个性选取外貌特征进行描写，并强调外貌描写与人物个性之间的紧密联系。

技巧提升：强调修辞手法在外貌描写中的运用，如比喻、拟人等。通过实例展示修辞的巧妙之处，并鼓励学生在写作中尝试运用这些技巧来丰富外貌描写，使人物形象更加生动鲜明。

素养提升：引导学生将所学知识与现实生活相联系，讨论外貌描写在文学创作、新闻报道、社交互动等领域的应用和意义。强调外貌描写可提升个人观察力、表达力、批判性思维等综合素养。

二、古诗文阅读教学

古诗文是中华文化的瑰宝，蕴含着丰富的历史、哲学、艺术和人文思想。在核心素养导向下的语文教学中，古诗文深度阅读与鉴赏是培养学生语言素养、文化素养和审美素养的重要途径。这里将介绍如何进行古诗文的深度阅读与鉴赏教学。

1. 教学目标

（1）提升古诗文阅读能力

基础理解能力巩固：针对小初衔接阶段学生可能存在的字词识别和理解能力差异，重点巩固他们对常见古汉语字词的理解，确保每位学生都能准确解读基本字词。

逐步提升分析能力：从简单的句式结构分析开始，如五言绝句的平仄规律，逐渐过渡到更复杂的修辞手法和篇章结构分析。

初步鉴赏能力培养：鼓励学生从个人感受出发，对古诗文进行初步的情感和价值判断。通过小组讨论或分享会的形式，让学生表达自己对诗文主题、情感或艺术特色的初步见解。

（2）培养文化素养

历史文化启蒙：结合小初衔接学生的认知水平，以故事化的方式讲述古诗文背后的历史文化背景，如唐代的繁荣景象、宋代的文人雅趣等，激发学生对历史文化的兴趣。

哲学思想渗透的启蒙：以浅显易懂的语言介绍古诗文中蕴含的哲学思想，如儒家的仁爱、道家的自然等，引导学生思考这些思想在现代生活中的体现和意义。

艺术审美初步培养：通过展示古诗文与书画、音乐等艺术的关联，引导学生初步感知中国古代艺术的独特魅力，培养他们的艺术审美感知力。

（3）提高审美素养

韵律美的基础体验：通过简单的朗诵练习，让学生感受古诗文的音韵节奏之美。可以设计组织一些节奏拍打或拍手朗诵的活动，让学生在实践中体验韵律的和谐。

意境美的直观感受：利用多媒体手段展示古诗文描绘的意境画面，引导学生闭上眼睛想象并尝试用语言表达自己的感受。对于低年级学生，可以更多地采用图画或动画来辅助理解。

情感美的共鸣引导：选取情感表达较为直接和强烈的古诗文，如表达思乡之情的《静夜思》，引导学生结合自己的生活经历或情感体验，分享对诗文情感的理解和共鸣。

2. 教学内容与方法

（1）精选古诗文篇目

选择篇幅适中、语言浅显易懂且情感真挚的古诗文作为入门篇目，如《静夜思》《春晓》等。随着学生学习能力的提升，逐渐引入稍长且内容更为丰富的篇目。确保所选篇目能够兼顾不同风格和主题，以满足学生多样化的学习需求。

（2）创设阅读情境

利用学生熟悉的生活场景或经历作为切入点，创设与古诗文内容相关的阅读情境。例如，在讲解《春晓》时，可以引导学生回忆春天早晨自己的经历和感受。

设计趣味性的导入活动，如猜谜语、讲故事等，以吸引学生的注意力并激发他们的学习兴趣。

（3）引导学生深度阅读

提供适合小初衔接学生的注释和工具书，确保他们能够独立或借助辅助材料进行阅读。

采用分段阅读、逐步深入的方式引导学生理解诗文内容。对于难点部分，可以通过小组讨论或教师讲解的方式进行突破。

（4）开展鉴赏活动

设计符合小初衔接学生特点的鉴赏活动，如角色扮演（选择情节简单、角色鲜明的诗文）、朗诵比赛（注重语音语调的准确性和情感的表达）等。

鼓励学生发挥创意进行简单的诗文改写或续写活动，以加深他们对诗文内容的理解和感悟。

(5) 拓展延伸

推荐适合小初衔接学生阅读的古诗文选本或绘本，以及相关的历史文化读物或纪录片资源。

组织跨学科整合活动，如结合语文与美术课程进行古诗文配画创作活动；结合语文与音乐课程进行古诗文歌曲演唱或配乐朗诵活动等。这些活动旨在让学生在轻松愉快的氛围中拓展知识面并提升综合素养。

附1 教学设计：《古诗词三首》

【教材分析】

1. 单元主题与意义

本单元以"自然之趣"为主题，精心编排了四篇课文，旨在通过文学作品的阅读和欣赏，引导学生发现自然之美，感受大自然的独特魅力和生命力。这一主题不仅符合小学生好奇、探索的天性，也有助于培养他们热爱自然、尊重生命的价值观。通过学习本单元，学生将学会从不同角度观察自然，体验自然带给人的愉悦和宁静，进而激发他们对大自然的探索欲和保护欲。

2. 课文内容与结构

本单元由三篇精读课文（《古诗词三首》《四季之美》《鸟的天堂》）和一篇略读课文（《月迹》）组成，形成了一个有机整体。每篇课文都围绕"自然之趣"这一主题展开，但各有侧重，相互补充，共同构成了对自然之美的多维度描绘。

《古诗词三首》选取了三首经典古诗词，分别描绘了山间傍晚的宁静、江南深秋的孤寂和长途羁旅的思乡之情，通过精炼的语言和深远的意境，展现了古代诗人对自然的深刻感悟和独特表达。

《四季之美》以细腻的笔触描绘了春夏秋冬四季的特定景致，引导学生关注自然界中季节的更迭和变化，感受时间流转中的自然之美。

《鸟的天堂》通过具体而生动的描写，展现了大榕树作为鸟类栖息地的独特魅力，让学生了解自然生态系统中生物之间的和谐共生，以及人类对自然环境的保护和尊重的重要性。

《月迹》以寻月的过程为线索，引导学生跟随作者的脚步，在不同的地点寻找月亮的踪迹，体验探索自然的乐趣，同时也寄托了对美好生活的向往和追求。

3. 语文要素与能力培养

本单元的语文要素是"初步体会课文中的静态描写和动态描写"，这是培养学生文学品鉴能力的重要一步。通过本单元的学习，学生将学会从静态和动态两个角度观察和分析自然景物，理解不同描写手法在表达情感、营造氛围方面的作用。

同时，学生还将在朗读、背诵、想象、交流等活动中不断提升自己的语言表达能力、审美鉴赏能力和情感理解能力。

4. 教学策略与建议

创设情境：利用多媒体手段创设生动的教学情境，引导学生身临其境地感受自然之美，激发学生的学习兴趣和探究欲望。

朗读品味：重视朗读教学，通过示范朗读、个别朗读、齐读等多种形式，让学生在反复朗读中体会语言的音韵美和情感美。

想象画面：引导学生根据课文内容想象画面，通过绘画、写作等方式表达自己的想象和理解，培养学生的想象力和创造力。

合作交流：组织学生进行小组讨论、分享交流等活动，让学生在互动中碰撞思想、分享感悟，共同提升文学品鉴能力。

拓展延伸：鼓励学生课外阅读相关文学作品，了解更多的自然之美和人文情怀，拓宽学生的视野和知识面。同时，结合实际情况开展实践活动，如观察自然、记录变化等，让学生在实践中加深对自然之美的认识和感悟。

5. 课后题解读与教学目标关联

根据《义务教育语文课程标准（2022年版）》针对第三学段古诗文教学的具体要求，本单元《古诗词三首》的课后习题精心设计，旨在深化学生对古诗文的理解、感悟与运用能力。以下是对三道课后习题的详细解读及其与教学目标的关联分析：

第1题：有感情地朗读课文，背诵课文，默写《枫桥夜泊》。

目标关联：此题直接关联到新课标中"诵读古代诗词，注重积累"的要求。通过有感情地朗读，学生不仅能够加深对诗词韵律、节奏的感受，还能在反复诵读中逐步体会诗词蕴含的情感。背诵与默写则进一步巩固了学生对诗词的记忆，促进了古典文化的积累，同时也培养了学生的文学品鉴能力，即通过对经典作品的熟记，提升对美的感知与鉴赏力。

第2题：读一读，想象诗句描绘的景象，体会其中的静态描写和动态描写。

目标关联：本题紧扣"阅读诗歌，想象诗歌描述的情境"及本单元"初步体会课文中的静态描写和动态描写"的语文要素。通过引导学生边读边想象，将文字转化为生动的画面，不仅能够帮助学生更深入地理解诗词内容，还能激发他们的想象力与创造力。同时，对静态与动态描写的关注有助于学生理解诗词如何通过不同的表现手法展现自然之美，增强对诗词艺术特色的感知能力。

第3题：借助注释，理解《长相思》的意思，试着体会作者的思想感情，并与同学交流。

目标关联：此题融合了"能借助注释和工具书理解基本内容"以及"体会作品情感"的课标要求。通过自主查阅注释，学生学会了独立解读古诗文的基本方法，提高了自学能力。在此基础上，进一步引导学生体会作者的思想感情，这是古诗文教学的核心目标之一，它要求学生超越文字表面，深入理解诗人的内心世界与创作背景。与同学交流的过程，则促进了学生思想的碰撞与融合，提升了其批判性思维和口头表达能力，同时也让学生在分享与倾听中学会欣赏与尊重不同的解读视角。

【学情分析】

1. 已知学情

小学五年级的学生已经具备了学习古诗词的基础能力，他们熟悉通过注释、插图和补充资料来理解诗词内容的方法。在本学期前几个单元的学习中，尤其是第四单元的《古诗三首》，学生已经能够结合相关资料，初步体会诗人所表达的思想感情。

2. 生长点分析

深化动静结合的理解：随着统编教材对"初步体会课文中的静态描写和动态描写"这一语文要素的强调，学生需要在现有基础上更深入地理解这两种描写手法的运用，感受其如何共同构建诗词画面，以及如何帮助读者更准确地把握诗人的情感。因此，教师需引导学生边读边想象，通过具体诗句分析，增强对动静结合手法的认知，从而培养其文学品鉴能力。

挖掘诗人的内在情感：虽然学生能够初步感知诗词情感，但往往停留在表面。为了让学生能够更深刻地理解诗人内在的情感世界，教师需要引导学生深入了解诗人的生平和写作背景，通过资料补充、情境再现等方式，帮助学生建立诗句与诗人情感之间的内在联系，促使学生的情感体验从表面走向深入。

【教学目标】

（1）学生能够准确认读"榆、畔"等3个生字，正确书写"孙、泊"等6个字，掌握多音字"更"的正确读音。

（2）通过有感情地朗读并背诵课文，默写《枫桥夜泊》，学生能够借助注释和插图深入理解诗句意思，体会诗词中的静态与动态描写，想象并描述诗词描绘的景象。

（3）学生能够结合诗人背景资料，说出《长相思》的大意，并尝试深入分析作者的思想感情，培养对古典文学的兴趣和审美能力。

【教学重点】

（1）指导学生有效运用注释和插图，准确理解每句诗的含义。

（2）培养学生边读边想象的习惯，通过朗读和想象构建诗词中的画面。

【教学难点】
(1) 引导学生深入想象诗词描绘的丰富景象,感受其独特的意境美。
(2) 帮助学生从诗句中提炼出诗人的深层情感,理解动静结合手法在表达情感上的作用。
【课时安排】
共 2 课时,每课时分别聚焦于《古诗词三首》中的不同作品,确保每首诗都能得到充分的讲解与练习。
【教学准备】
(1) 多媒体课件
准备包含诗人背景介绍、诗词插图、动静结合手法分析、配乐朗诵等内容的多媒体课件,以辅助课堂教学。
(2) 资料袋
整理并分发包含诗人简介、时代背景、创作动机等内容的资料袋,供学生预习和课上参考。
(3) 自主学习单
设计包含预习问题、课堂互动环节、课后巩固练习等内容的自主学习单,引导学生主动探究,加深理解。
【教学过程】
板块一 诗意导入,释义诗题
1. 诗意导入
开场:"同学们,大自然赋予了我们无数美丽的风景,从巍峨的山川到潺潺的溪流,从静谧的夜晚到繁忙的白日,每一处景致都蕴含着独特的韵味。今天,让我们一同走进五年级上册第七单元,感受'四时景物皆成趣'的魅力。"(PPT展示四季美景图片,引导学生进入情境)

明确单元目标:"本单元我们将通过四篇课文,从不同角度欣赏自然之美,并学会'初步体会课文中的静态描写和动态描写'。现在,就让我们一起开启今天的古诗词之旅吧!"

2. 揭示课题,释义诗题《山居秋暝》
板书课题:"请大家跟我一起书写课题——《山居秋暝》。"
解释题意:"'山居'指的是住在山中,'秋暝'则是秋天的傍晚。那么,王维笔下的山中秋日傍晚会是怎样的景象呢?让我们一起去探索。"

板块二 聚焦"空",圈画景致
1. 朗读《山居秋暝》,聚焦"空"
自由朗读:"请同学们自由朗读《山居秋暝》,注意读出古诗的节奏感。"(学

生自由朗读）

聚焦诗眼："这首诗中，有一个字特别引人注意，那就是'空'。你们觉得这个字在这里是什么意思呢？"（引导学生讨论，初步感受"空"的意境）

2. 配乐范读，圈画景致

创设情境："现在，让我们闭上眼睛，想象自己置身于山间，听老师配乐范读。"（教师配乐范读）

圈画景致："请同学们睁开眼睛，再次朗读诗歌，并用笔圈画出诗中描绘的景致。"（学生朗读并圈画，如明月、清泉、浣女、渔舟等）

板块三 动静结合，想象画面

1. 情境代入，体会静态描写

感受静谧："请大家闭上眼睛，想象那轮明月高悬夜空，清泉在石上流淌，四周一片宁静。这就是诗中描绘的静态美。"（教师引导，学生想象）

朗读体会："让我们带着这种感受，再次朗读前两句诗，体会那份静谧之美。"（学生朗读）

2. 想象画面，体会动态描写

调动感官："接下来，我们来看诗的后半部分。请想象一下，洗衣的女子欢声笑语，渔舟满载而归，荷叶轻轻摇曳。这是一幅多么生动的画面啊！"（教师描述，学生想象）

朗读感悟："让我们通过朗读，把这份生动表现出来。"（学生有感情地朗读后两句）

板块四 结合资料，体会心境

1. 了解王维生平

引入资料："王维，唐代著名诗人、画家，他的诗歌以描绘自然山水见长。那么，他写这首诗时的心情是怎样的呢？"（教师简要介绍王维生平）

2. 聚焦"空"，体会心境

补充诗句："王维的诗中经常出现'空'字，这不仅仅是对景物的描述，更是他心境的反映。我们来看这几句诗……"（出示补充诗句，引导学生体会"空"的深层含义）

配乐朗读："现在，让我们再次配乐朗读整首诗，感受王维豁达的心境。"（全班配乐朗读）

板块五 聚焦"愁"，自学感悟，由景至情

1. 朗读《枫桥夜泊》，聚焦"愁"

释义诗题："接下来，我们来看第二首诗《枫桥夜泊》。从题目中，你能感受到什么情绪吗？"（引导学生从诗题入手，初步感受"愁"的情绪）

指导书写"愁":"这个'愁'字,上面是个'秋',下面是个'心',就像秋天落叶带来的忧愁一样。请大家跟我一起写这个字。"(教师示范,学生跟写)

2. 自主学习,体会诗人心境

学法迁移:"请同学们运用刚才学习《山居秋暝》的方法,自主学习《枫桥夜泊》。注意聚焦诗中的景致和情感,想象画面,并结合注释理解诗意。"(学生自主学习,完成学习单)

互动交流:"现在,请大家分享自己的学习成果。你从诗中看到了哪些景致?感受到了诗人怎样的心境?"(学生交流,教师适时点评)

板块六 归纳总结,布置作业

1. 归纳总结

师:"今天,我们学习了两首古诗,通过抓住景致的静态和动态描写,体会了诗人不同的心境。希望同学们在今后的学习中能继续运用这种方法,感受古诗词的魅力。"

2. 布置作业

(1)背诵两首古诗,并默写《枫桥夜泊》。

(2)预习《长相思》,搜集纳兰性德的资料,了解词人生平和写作背景。

附2 教学设计:《文言文二则》

【教材分析】

《文言文二则》是统编版小学《语文》六年级下册第五单元的第一篇课文。单元围绕"科学精神"这个主题编排了《文言文二则》《真理诞生于一百个问号之后》《表里的生物》《他们那时候多有趣啊》四篇课文。这些课文中,有的是对自然现象的独特认识和解释,有的是对日常生活司空见惯的现象或身边的事物展开的探究,有的则是对未来科技展开的奇特想象,呈现了人们不同的思考和探索。

单元的语文要素是"体会文章是怎样用具体事例说明观点的",旨在引导学生初步了解论说类文章常见的表达方法,引导学生不仅要敢于表达自己的观点,还要有理有据地论证观点。围绕这个要素,教材做了有层次、有梯度的安排。《文言文二则》中两个内容都是通过一个小故事来阐明某个道理。其中《两小儿辩日》引导学生思考两个小孩的观点,以及他们说明自己观点的理由。《真理诞生于一百个问号之后》引导学生不仅要了解作者的观点,还要懂得作者是怎么有序组织事例证明观点的,课后"小练笔"引导学生从读到写,尝试运用具体事例来说明一个观点。《表里的生物》引导学生对人物进行评价时要找出依据来印证自己的观点。口语交际"辩论"提示辩论前"选择的事例要有说服力",是对用具体事例说明观点这一方法的运用,体现了单元编排的有机联系。

本单元的习作要求是"展开想象，写科幻故事"，这是学生第一次尝试写科幻故事。与以往的想象类习作不同，本次习作要结合科幻故事的特点，借助相关的科学知识展开想象，这对提高学生的科学素养、发展他们的创造性思维能力有积极的促进作用。本单元课文《他们那时候多有趣啊》就是一篇科幻小说，为本次习作提供了很好的范例，体现了读、写之间的紧密联系。

《文言文二则》是第五单元的第一篇课文，选入了《学弈》和《两小儿辩日》两篇文言文。这两篇文言文短小精悍，《学弈》选自《孟子·告子》，全文共5句话，虽不足百字，却把两个人学弈的过程写得清楚明白，道理说得透彻。文章通过写弈秋教两个人学下棋，两个人态度不同，学习效果差异巨大的事情，告诉人们做事必须专心致志，不可三心二意的道理。课文文辞凝练，含义深刻，是孟子的传世之篇。

课文插图描绘了弈秋在教两个人下棋，两个学习下棋的人神情截然不同，形象地表现了《学弈》的故事内容，能够帮助学生更好地理解课文。

本课的学习将以课后习题为依托，落实语文要素。

第1题：正确、流利地朗读课文。背诵课文。

文言文的教学应侧重于朗读、背诵，激发学生阅读的兴趣，提高学生感悟古典文化魅力的能力。教学时，可以让学生先尝试自己读课文，教师根据情况进行示范朗读。学生读不准的字音，可以提示学生联系注释和上下文，理解字义，从而确定读音。学生在反复朗读中，把握节奏和停顿，把握课文内容，最终习读成诵。

第2题：联系上下文，说说加点字的意思。

第3题：对照注释，想想每句话的意思，再连起来说说故事的内容。

习题2和习题3共同指向引导学生运用多种方法理解词句的意思，最终疏通文意，说出故事的大致内容。课前，引导学生回顾学习文言文的方法。教学时，学生借助注释、联系上下文，开展自主学习、合作探究。在全班汇报中共同提升、实现师生互动，最终落实教学目标，提升学生的语文素养。

第4题：在《两小儿辩日》中，两个小孩的观点分别是什么？他们是怎样说明自己的观点的？

本题要求学生明确两小儿各自的观点和理由。课文紧扣"辩"，两小儿有观点，有事实依据，两者对话极具论辩性，所以通过方法的指引，学生有目的地快速展开阅读，找出两小儿的观点及辩斗依据，填写表格，进行角色扮演。学生在反复诵读中感悟用具体事例说明观点的表达方法。

【学情分析】

学习基础点：学生在统编教材四年级学过《精卫填海》《囊萤夜读》《王戎不

取道旁李》等文言文，已经具备了一定的阅读理解能力，初步掌握了学习文言文的方法，比如通过反复诵读、结合注释与课文插图、联系上下文、通过查找资料的方法理解字词句。

学习障碍点：由于文言文与现代文在表达上的差别比较大，教师需要引导学生正确断句，流利地朗读，理解字词句。

学习生长点：通过理清文章的观点与证明观点的具体事例，明白做事必须专心致志，决不可三心二意的道理。

【教学目标】

1. 基础性目标

（1）通过自学和合作交流，会写24个字，会写37个词。

（2）能正确、流利地朗读课文，背诵《文言文二则》。

（3）能围绕辩题搜集、整理材料，清晰地表达自己的观点。

2. 发展性目标

（1）能概括文中事例，体会课文用具体事例说明观点的方法。

（2）能根据相关语句体会人物形象，感受探索精神。

（3）能借助文言文里学过的字的意思，推想词语的意思。

（4）能仿照课文的写法，用具体事例说明一个观点。

（5）能抓住对方讲话中的漏洞进行反驳，用语文明。

（6）能展开想象，写出奇特而又令人信服的科幻故事。

（7）背诵关于发展与创新的名言。

3. 拓展性目标

（1）能体会引用的好处，并在习作中尝试运用。

（2）能根据别人的建议修改习作。

（3）欣赏赵孟頫的代表作之一《三门记》，了解赵孟頫及其楷书的特点。

【单元情境】

有理有据说观点，争做科学小达人

【学习活动】

基于单元学习任务，本课创设"学习古文明观点"的学习活动。

【本课目标】

（1）有感情地朗读课文，读准字音、节奏，读懂句意，从反复诵读中初步感受文言文的语言特点。

（2）通过互助合作探讨，掌握学习文言文的方法。

（3）通过理清文章的观点与证明观点的具体事例，理解文章是如何用具体的事例来说明观点的。

(4) 通过明白做事必须专心致志，决不可三心二意的道理。

(5) 能了解《两小儿辩日》中两个小孩各自的观点，并知道他们说明观点的依据。

(6) 能从课内外延伸结合中进一步了解我国灿烂辉煌的古代文化，增强学生学习文言文的兴趣，全面提高学生语文综合素养。

【单元任务架构】

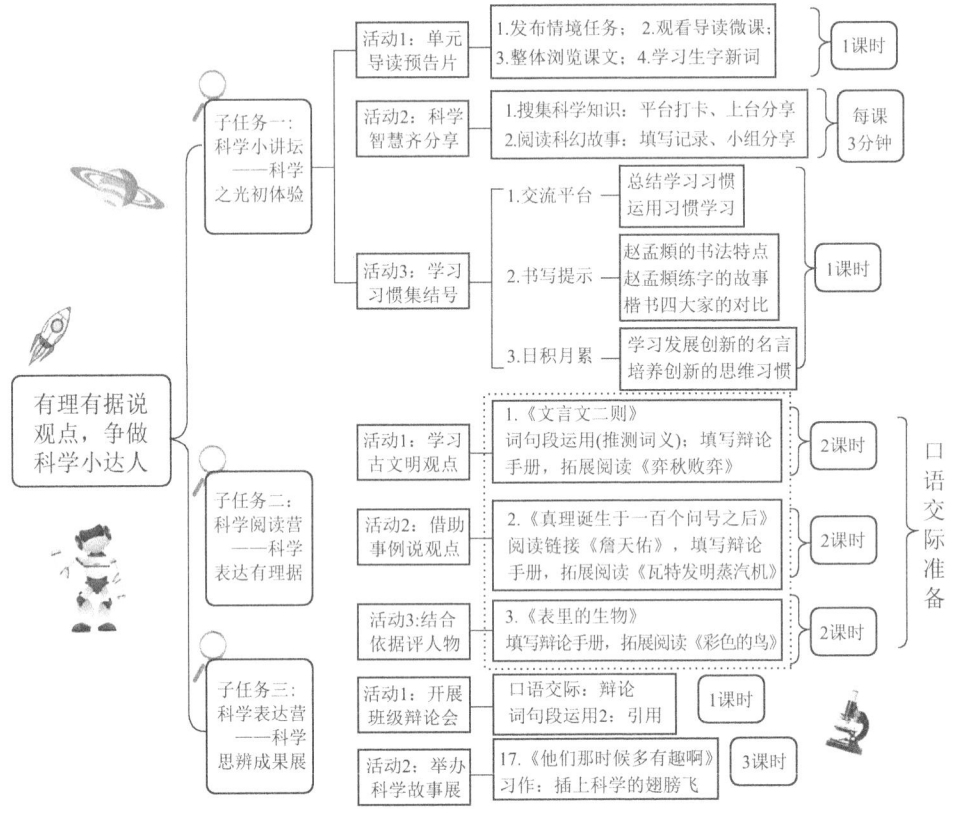

【学习过程】

第一课时 《学弈》

活动一 以"弈"开局

1. 单元任务启思考

这个月是科学月，我们将开展系列活动，完成任务后即可获得"科学小达人"称号。课前我们一起完成了子任务一"科学小讲坛"。这节课我们走进"科学阅读营"，一起"学习古文明观点"。还记得课前提出的问题吗？相信在科学阅读营的活动中，你能找到答案。

2. 板画解"弈"读课题

未来的科学小达人们，猜猜这是什么？方方正正一座城，横街竖巷真分明，纵观全局讲运筹，见微知著看分晓。古时的围棋称为"弈"。中华传统文化博大精深，其中琴棋书画是中国的四大才艺。围棋是智慧的象征，唯有纵观全局、见微知著者才能获胜。围绕围棋留下了很多故事，今天我们"回到战国时代"，见证一个关于学下棋的故事。齐读课题。

设计意图：开课伊始创设回到战国时代的情境导入新课，激发学生学习文言文的兴趣。以猜谜语和板书图画的方式，让学生对围棋有初步的印象。

活动二 以"读"入局

1. "读"据义明字音

古时下棋又称对弈，以棋多者为胜。我们也来一场对弈，棋多者获"科学小达人"称号。拿出学习单。

放声朗读课文，注意读准字音，读通句子。读完的在学习单上自评。

读准确："使弈秋诲二人弈""为是其智弗若与？曰："非然也"。据义定音。

2. "读"句意知停顿

文言文的诵读可以据义定音，如果学会停顿，读出节奏就更好。

知停顿："思援弓缴而射之"。

3. "读"辨字知句意

文言文的诵读可以据意知停顿，联系上下文能知道关键字的意思。

知句意："思援弓缴而射之"。

选一选，辨"之"意：

①一人虽听之；②思援弓缴而射之；③虽与之俱学，弗若之矣。

同一个字在不同的语境中的意思不同，这就是中国文字的魅力。我们把这几个句子再读一读。

4. "读"多法说文意

（1）刚才我们通过联系上下文、借助注释读懂句意，现在，将整个故事读一遍。

读出了几个人？理解"弈秋，通国之善弈者也"。

补充资料：弈秋是第一个史上有记载的围棋专业棋手，也是史上第一个有记载的从事教育的围棋名师，是当时诸侯列国都知晓的国手，棋艺高超。

（2）书读百遍其义自见。跟同桌试着说说故事的内容。

出示活动提示：对照注释，跟同桌说说故事的内容。

5."读"静思明主旨

引导思考：同时学弈，同一位老师教授，结果却不同，这是为什么呢？

预设：学习态度不同。

设计意图：本环节设计五个层次的朗读活动，使学生在多次朗读中初步感知文言文，同时渗透据义定音、联系上下文、借助注释等文言文学习方法，让学生从理解词义到句意，最后"连起来说说故事的内容"，落实解决课后第3题。通过引入资料，介绍"弈秋"的身份，为学生理解"通国之善弈者也"提供帮助。

活动三 以"辨"解局

1. 以"辨"悟道理

日复一日，时光匆匆而过。在弈秋的教诲下，两位徒弟持着不同的学习态度迎来一场对弈，你猜，孰胜？孰败？

活动提示：用关键词（文中提取或自拟）填空，并说说理由。

①其一人/专心致志，惟/弈秋之为听。

学生讲句意，结合插图展开想象说说"其一人"是如何专心致志听讲的。

点拨：眼到、手到、心到，谓之"专心致志"。

②一人/虽听之，一心以为/有鸿鹄将至，思/援弓缴/而射之。

学生讲句意，展开想象说说"一人"三心二意的表现。

点拨：手虽到了，但眼未到，心未到，此人真乃三心二意，必败。

2. 以"辨"明写法

（1）古人常常通过小故事说明大道理。原来孟子是想通过_____的事例说明_____道理。

小结：用具体事例说明观点正是孟子的写作初衷。

（2）配乐诵读。

设计意图：生本课堂，以生为本。通过质疑、探究、交流，培养学生的自主阅读的能力，并生成个性化阅读体验，展现学生对课文的"个性化感悟"。这一环节通过设置"二人对弈，孰胜孰败"的问题，引导学生从文本找依据，通过看插图、想画面，激发学生兴趣，引导学生辨别"专心致志"和"三心二意"的具体表现，从而理解课文内容。让学生合理想象当时他们的动作、神态、心理等，从而深入理解什么才是"专心致志"，使体会更细腻，感受更真切。通过小结，让学生初步体会用具体事例说明观点的表达方法。

活动四 以"思"破局

1. 以背启"思"

（1）尝试自由背。

（2）借助支架背。小结：口到了，眼到了，心到了。

（3）看板书，配乐，入情入境地背。

2. 以"思"破疑

（1）人生如棋，课堂也如棋局，我们只有读好每一个字，走好每一步，才能学有所成。

棋王马晓春："围棋中一切棋理，在生活中都可以找到相通的道理。"

（2）课前提出的这个疑问，现在心中有答案了吗？

科学的发现以专心致志为基石，方能有所得也！最后，让我们一起端端正正书写一遍"专心致志"。

少年强科技强，科技强则国更强！请把这颗科学的种子埋在心间。下节课我们将继续追梦科技，争做科学小达人！

设计意图：教师与学生一起从借助支架到配乐入情入境地背诵，充分激发学生对文言文的热爱。让学生说说生活中专心致志的例子，把单元主题的学习和思考迁移运用到课外，同时引导学生学以致用，尝试用事例说明观点。解决课前提出的问题，引导学生感悟"专心致志"的科学精神的重要性。最后回扣单元情境，补充我国航天研究的现状，激发学生对科学探索的愿望。

板书设计：

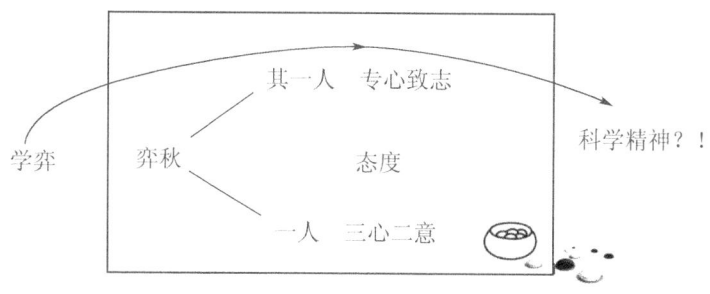

第二课时 《两小儿辩日》

活动一 温故而知新

1. 导入新课

同学们期待已久的辩论赛将在本单元学习中展开。一场辩论会，首先要确定一个辩题，分好正反方，辩论过程中，双方需要表明自己的观点，并有理有据地摆事实、讲道理。

"辩"从古到今无论怎么变中间都有"言"，可以组词"辩论"等。今天，我们要学习的这篇课文就与"辩"有关。谁辩？辩什么？

（板书课题，齐读）

2. 复习旧知

文言文是我国历史长河中经久不衰的瑰宝,大家之前学过什么文言文?文言文距离我们的生活久远,用什么方法来读懂的?(板书:注释、上下文、工具书……)

点拨:你查的什么工具书呢?老师给大家推荐一本书,《古汉语常用字字典》我们可以从这些工具书中找到最准确的注释。

设计意图:谈话导入,由学生的兴趣点入手,引发学生对本课的好奇心。回顾旧知,小结学习文言文的方法,同时推荐相关工具书,有助于小初衔接的学习。

活动二 读通品韵味

1. 小组交流,疏通字义

(1) 对照注释,想想每句话的意思,说说故事的大意。

(2) 了解文章大意后,把课文读通顺。

2. 了解全文大意

读了课文,这个故事讲了什么?对照注释,想想每句话的意思,大家接龙说说故事的内容。

难点预设:①游:游学(联系上下文进行理解);②车盖、盘盂(出示图片理解);③汤:热水(拓展关于汤字的四字词)。

3. 指导"据义定音"

(1) "为"在这篇古文中有两个读音,什么时候读第二声?什么时候读第四声?根据字义来决定读音,这是一个好方法。

(2) "知"也有两个读音,我们也根据字义来判断读音,应该是……

(3) "乎"是语气助词,注意语气词"乎",感受语调的不同。

4. 注意停顿,读好长句

5. 教师范读,读出节奏

难题解决了,课文一定能读得更通顺。古文,除了读通顺,还要读出韵味。

设计意图:通过预学单检测预习、关注易错字词,有助于高效达成课堂目标。从音、形、义、长句几个方面进行分层朗读设计,有助于学生熟悉文本内容。

活动三 启思明辩由

1. 小组合作学习

两小儿之所以这样无休止地辩斗着,原因在于双方都觉得自己说的是对的。两个小孩的争辩有观点,有理有据,双方都有自己的道理。小组合作学习,完成学习单上的任务。

学习单:两小儿辩论的观点分别是什么?他们是怎样说明自己观点的?

(1) 默读课文,用"_____"画出观点,用"~~~~~~"画出理由。

(2) 小组讨论后,填写下面表格。

辩题	人物	观点	现象	依据
何时近何时远	一儿（正方）	日始出时_____		远者_____ 而近者_____
	一儿（反方）		日初出_____	

2. 体会"辩斗"

请两位同学分别读两个小孩辩斗的对话，我们听听有没有辩斗的感觉。

3. 发表看法

（1）两千多年前，圣人孔子无法裁决的问题，到了科学技术迅猛发展的今天，你能否为两个小孩的争论做一个公平的裁决，让他们心服口服呢？对于他们的争辩，你赞成谁的观点？借助已查找的资料来表达你的依据。（我认为_____，理由是_____。）

（2）辩"知"：太阳，是我们多么熟悉的事物，但是在古代，连大学问家孔子都不能决也，难怪但两小儿笑曰："孰为汝多知乎？"你觉得孔子"知"吗？

宇宙之大，知识之广，上下纵横，古代受科技发展的限制，虽智者也不能事事尽知也很正常，因此每个人都要有实事求是和虚心学习的科学态度。这就是学无止境。

4. 背诵，准备辩斗

设计意图：通过文言文和现代文的对比朗读以及说说故事内容，让学生切身感受文言文的有趣之处，能落实解决本课的学习重点。以学习任务单引领学生自主合作学习，并通过课前资料辅助解决问题，充分发挥学生的主观能动性，也能提高学生的学习效能感。由"辩知"引发学生对两小儿和孔子身上品质的思考，让学生在语文学习中充分感受中国传统文化的人文内涵。

活动四　拓展爱科学

1. 回顾主题

过渡：正是因为如此，才会出现这么多的发明创造。

2. 资料拓展

文言文有一种深深的吸引力，不但包含了我们中国深厚的历史文化底蕴，还记录了我们中国人民的科学探究精神。

回望中国人的飞天路，从远古女娲补天、嫦娥奔月、牛郎织女等神话传说，到明代万户进行人类最早的固体火箭升空试验，中国人的飞天梦已延续了几千年。

学完了这一课，你有什么收获？

小结：正是因为我们的祖先敢于大胆想象，并不断探索，才会有我们科技进步的今天。

大自然充满奥秘，每一个看似平常的自然现象中都蕴含着丰富而有趣的科学知识，只要我们善于观察、善于发现，用虚心、实事求是的态度去思考、去探究，大自然就会给我们带来无穷的惊喜。请同学们课后拓展阅读四篇文言文史料，了解国内外的科学发现。

设计意图：拓展阅读四篇文言文史料，对应国外的科学发现，既能让学生尝试阅读更多的文言文，又能让学生从多方面了解我国古代科学的先进性，激发学生的科学探究兴趣。

板书设计：

```
            两小儿辩日
      甲                乙
   （大）近      晨     远（凉）
   （小）远      午     近（热）

          说观点    摆理由
```

三、整本书阅读与单篇阅读教学

小初衔接阶段同一作家整本书阅读与单篇阅读教学的目的与意义在于通过系统化、连贯性的阅读体验，助力学生实现从小学到初中阶段的平稳过渡，并深度培育其核心素养。整本书阅读为学生提供了完整的作品视野，帮助他们深入理解作家的创作脉络与思想精髓，促进文学鉴赏能力和批判性思维的提升；而单篇阅读教学则通过精细化的文本解析，强化学生的语言运用能力和信息提取能力。两者的有机结合不仅丰富了学生的阅读体验，还加深了他们对文学艺术的感悟，为学生在小初衔接阶段构建了坚实的核心素养基础。

1. 教学目标

在核心素养导向的语文教学背景下，依据《义务教育语文课程标准（2022年版）》的要求，整本书阅读与单篇阅读教学旨在培养学生的深度阅读能力、批判性思维以及综合素养。具体目标包括：

深度阅读能力：学生能够掌握并运用多种阅读策略，深入理解整本书或单篇文章的主题、结构和语言特点。

批判性思维：培养学生在阅读过程中提出问题、分析评价、综合判断的能力，形成独立的见解。

综合素养：通过阅读，拓宽学生的知识面，提升其文化素养、审美情趣和情感体验。

过渡与衔接：特别关注从小学到初中阅读能力的过渡与衔接，确保学生能够适应不同阅读材料的难度和深度。

2. 教学内容与方法

（1）整本书阅读指导

选书指导：根据学生的年龄、兴趣和认知水平，推荐适合的书籍。

阅读策略教学：教授如何制定阅读计划、使用阅读笔记、进行主题归纳等策略。

阅读分享与交流：组织读书报告会、角色扮演、书评撰写等活动，促进学生之间的阅读分享与交流。

（2）单篇阅读教学深化

文本细读：选取经典或具有代表性的单篇文章，引导学生进行深入细致的文本分析。

批判性思维训练：通过提问、讨论、辩论等方式培养学生对文章内容的批判性思考。

比较阅读：将单篇文章与整本书中的相关章节或不同作者的作品进行对比阅读，培养学生的比较分析能力。

（3）过渡与衔接教学

难度梯度设置：根据学生的阅读能力，逐步增加阅读材料的难度和深度，确保过渡自然。

方法迁移：引导学生将整本书阅读中学到的策略和方法应用到单篇阅读教学中，反之亦然。

评估与反馈：定期对学生的阅读能力进行评估，及时给予反馈和指导，帮助其顺利过渡。

3. 教学评价与反馈

（1）过程性评价

阅读记录检查：定期检查学生的阅读计划和阅读笔记，了解其阅读进度和深度。

课堂参与观察：观察学生在课堂讨论、分享会等活动中的参与度和表现。

（2）结果性评价

阅读理解测试：通过测试评估学生对整本书或单篇文章的理解程度。

批判性思维评价：通过学生的书评、读书报告等作品，评价其批判性思维能力的发展。

（3）反馈与指导

个性化反馈：针对每个学生的阅读能力发展情况，给予个性化的反馈和指导。

小组互助：鼓励学生组成阅读小组，相互提供反馈和帮助，共同提升阅读能力。

4. 教学反思与总结

知识掌握情况反思：评估学生对整本书阅读和单篇阅读策略的掌握情况，分析存在的薄弱环节，制定补救措施。

表现问题剖析：总结学生在阅读过程中的表现，剖析普遍性问题及其原因，如阅读速度过慢、理解深度不足等，并提出解决策略。

教学策略调整：根据教学反思结果，调整教学策略和方法。例如，增加阅读策略教学的课时、引入更多元化的阅读材料、加强批判性思维的训练等。

兴趣与积极性激发：探索更多元化的教学手段和活动形式，如设置阅读挑战、举办阅读节等，以进一步激发学生的阅读兴趣和积极性，促进其更加主动地参与到整本书阅读和单篇阅读教学中。同时，关注从小学到初中阅读能力的过渡与衔接，确保学生在不同阶段的阅读能力都能得到有效提升。

附1 《朝花夕拾》整本书阅读教学设计

【教学目标】

（1）学生能够了解《朝花夕拾》的基本内容，掌握书中关键事件和人物形象。

（2）通过跳读、精读、对比阅读等方法，培养学生的阅读策略和信息提取能力。

（3）理解鲁迅对童年、少年和青年时期生活的回忆与反思，体会作者对人生和社会的深刻思考。

【教学内容与方法】

1. 导入新课

（1）教师活动。

开场："同学们，今天我们将一起走进鲁迅先生的回忆世界，探索他笔下那些既温馨又充满批判的往事。请大家准备好《朝花夕拾》原著，我们即将开启一场时空之旅。"

（2）学生活动。

拿出《朝花夕拾》原著，准备跟随老师一起学习。

设计意图：激发学生兴趣，明确学习目标。

2. 整体把握内容

（1）教师活动。

介绍背景："《朝花夕拾》是鲁迅先生唯一的回忆散文集，原名《旧事重提》。'朝'指早上，'夕'指晚上，意味着成年后回忆往事。全书共十篇散文，按时间顺序记录了鲁迅的童年、少年和青年生活。"

分类任务："现在，请大家快速浏览目录，找出分别写童年、少年和青年时期的篇目。"

（2）学生活动。

①复习阅读方法——读目录：方便快速查阅内容；迅速获得对作品的整体印象；对照目录，依序记忆各个篇章的重点内容；目录呈现的框架性结构，使知识系统化、条理化。

②浏览目录，分组讨论并汇报结果。

设计意图：帮助学生建立对全书结构的整体认知。

3. 采撷花朵，梳理成长之路

（1）鲁迅的童年回忆。

①教师活动。

提出问题："鲁迅的童年是怎样的？请大家跳读《狗·猫·鼠》《阿长与〈山海经〉》等篇，找出鲁迅童年中的'好玩儿'事件。"

引导分享："有没有同学愿意分享一下你找到的有趣事件？比如'老鼠娶亲''雪地捕鸟'等。"

②学生活动。

复习阅读方法——跳读：必须是已阅读过的章节、可以改变阅读的顺序、阅读速度较快、不改变阅读的质量。

跳读相关篇目，找出并分享童年趣事。

设计意图：通过跳读法，让学生快速捕捉关键信息，感受鲁迅童年的乐趣。

（2）鲁迅的少年往事。

①教师活动。

布置任务："相比童年，鲁迅的少年时期多了哪些压力？请大家精读《从百草园到三味书屋》和《父亲的病》。"

引导分析："在《从百草园到三味书屋》中，鲁迅要面对哪些转变？《父亲的病》又给他带来了哪些压力？"

②学生活动。

精读指定篇目，分组讨论并汇报。

设计意图：通过精读法，深入理解鲁迅少年时期的成长压力。

(3) 鲁迅的青年经历。

①教师活动。

线索梳理："鲁迅的青年时期经历了哪些重要转折点？请大家结合目录和《藤野先生》等篇目，梳理他的求学经历。"

角色扮演："现在，我们来进行一个角色扮演活动。假设你是鲁迅，向大家讲述你的求学之路。"

②学生活动。

梳理求学经历，进行角色扮演。

设计意图：通过角色扮演，加深学生对鲁迅青年时期经历的理解。

4. 两种视角，回望半生悲欢

(1) 教师活动。

对比阅读："请大家对比阅读《从百草园到三味书屋》和《父亲的病》中的不同视角，体会鲁迅在不同年龄阶段对同一事物的不同感受。"

分角色朗读："选取一处对比片段，分角色朗读。学生读小鲁迅的视角，读出儿童的纯真；老师读中年鲁迅的视角，读出成年人的深沉。"

(2) 学生活动。

①比较阅读——在阅读过程中将相近或相关内容进行对照和鉴别，通过差别把握特点。

②对比阅读指定片段，分角色朗读。

设计意图：通过对比阅读和分角色朗读，感受鲁迅在不同生命阶段的不同情感体验。

5. 夕拾背景，深入解读思想

(1) 教师活动。

背景介绍："《朝花夕拾》的创作背景与鲁迅当时的社会环境密切相关。请大家阅读'小引'部分，了解写作缘由。"

引导讨论："结合'三一八惨案'等背景资料，讨论鲁迅创作《朝花夕拾》的意图。"

(2) 学生活动。

①学习阅读方法——读小引。

放在书前的"序"，亦作"叙"，或称"引"。"小来引"也就是"小序"，一般介绍全书源写作的缘由、经过、书的体例、内容和作者情况等。

②阅读"小引"，结合背景资料讨论创作意图。

设计意图：通过知人论世的方法，深入理解鲁迅的创作动机和思想内涵。

【教学评价与反馈】

（1）过程性评价。

观察学生在课堂上的参与度、讨论积极性及合作情况。

检查学生的阅读笔记、讨论记录和角色扮演表现。

（2）结果性评价。

通过小测验或作业形式，评估学生对《朝花夕拾》内容的掌握程度。

收集学生的读后感或书评，评价其批判性思维和表达能力。

（3）反馈与指导。

及时给予学生正面反馈，指出存在的问题并提供改进建议。

组织学生进行互评和自评，促进相互学习和自我反思。

【教学反思与总结】

（1）教师活动。

总结本课亮点："本节课我们通过多种阅读方法和策略，深入探讨了《朝花夕拾》的内容与思想。同学们积极参与、勇于表达，展现了良好的学习态度和探究精神。"

反思不足："在今后的教学中，可以进一步加强对学生批判性思维的训练，提供更多元化的阅读材料和活动形式。"

（2）学生活动。

分享学习心得和体会，提出改进意见和建议。

设计意图：通过教学反思与总结，不断提升教学质量和学生学习效果。

附2 《好的故事》单篇阅读教学设计

【教材分析】

《好的故事》是统编版小学《语文》六年级上册第八单元的第二篇课文。该单元以"走近鲁迅"为主题，编排了《少年闰土》《好的故事》《我的伯父鲁迅先生》《有的人》四篇课文。前两篇精读课文是鲁迅的作品，后两篇略读课文是别人写鲁迅的作品。本单元旨在引导学生透过鲁迅的笔触和别人眼中的鲁迅，初步认识和了解鲁迅，感受鲁迅先生的高尚品格和伟大成就。本单元的语文要素是"借助相关资料，理解课文主要内容"，一方面是对统编版小学《语文》五年级上册学习的"结合资料，体会课文表达的思想感情"这一方法的延续与推进，体现了针对不同难度的文章资料发挥的作用不同。另一方面，该语文要素也体现了对本单元选文特质的观照，因该单元选文的年代离学生较远，当时的语言表达也与现在的语言表达有差异，所以，必须借助资料，才能真正读懂课文。教学时应注意时代背景的链接，引导学生对当时的旧社会有初步的认识；并通过以想促悟、读中悟情的方法，体会关键词句的深刻含义，从而理解课文主要内容。

本文选自鲁迅先生的散文诗集《野草》，是一篇富有散文诗性质的短文，作者通过这简短的文字，展现给读者一种美丽深邃的意境，表现了鲁迅先生关于人生的现实的与哲学的深沉思考。这些深邃的人生哲学和现实感慨，经过鲁迅先生在非常宁静的深夜里的深沉艺术思索，以精美的文字、新颖的联想和独特的构思呈现出来。

作者是在一种开头和结尾互相衔接与呼应的"圆形结构"中展开构思的。散文开头写"我"自身的现实处境，继而切入昏昏欲睡的梦境"许多美的人和美的事"在梦境的想象中错综地交织在一起，最后又由梦中醒来，回到现实中，书写了一种对于美丽的梦的失落和追念。这其中，"昏沉的夜"既是做梦所处大的环境，也是鲁迅所生存的黑暗现实的象征；而"美的人和美的事"则是鲁迅先生对黑暗现实绝望反抗心境之下，内心深处对理想、美好、和平境界的向往。

本课的"阅读链接"分别选取了两则关于此文的论述及注解材料，两则材料都挖掘了课文的深刻内涵，点明了作者写作的深层意图，即表达了对故乡的怀念和对美好生活的追求。第二则材料还阐释了文中"昏沉的夜"及"美的人和美的事"的象征意义，进一步补充了作者的写作意图，即对现实社会的厌恶。

课文插图描绘了第7自然段梦中所见的景象，那些具体的景物全都倒映在水中，起伏变幻，有助于学生体会梦境中"好的故事"的"美丽，幽雅，有趣"。

习题分析：本课的学习将以课后习题为依托，落实本单元的语文要素。

题1：本文写于20世纪20年代，语言表达与现在不完全一样，有些词语比较难懂。初读课文时，遇到难懂的词语可以先跳过去。再读课文时，试着联系上下文理解它们的意思。

本题提示学生关注本课的创作时间，因年代久远，部分词语与现代有所不同，需要根据实际情况采用学过的方法理解词语。学生在五下学习名著单元中的阅读策略是：阅读难懂的词语先跳过去读，不回读，在本文再次运用。学生可借助联系上下、查资料等已学的方法理解词语，这体现了六年级学生获取信息和灵活运用方法的能力。预学单为学生的预习提供了方向，让学生能在学习单的指导下学会自学部分知识，这也是做好小初衔接的重要一环。

题2："好的故事"其实是一个梦境。这故事的美丽、幽雅、有趣体现在哪里？结合课文内容说一说。

本题提示学生从"梦境"的角度展开赏析，通过提取和选择课文的关键词句，感受梦境的美丽、幽雅、有趣。还需要学生整合信息，说说体会。这道题可设置一个情境任务，让学生在寻找拍摄镜头的过程中抓住关键词句描述画面，通过分享"我想让观众感受到什么"，表达自己的真实感受。本任务是文学阅读与创意表达学习任务群的其中一个，旨在引导学生在语文实践活动中，通过联想想象，感知鲁迅作品的文字语言和形象的独特魅力。由于梦境的景物平常普通，同时对广东的孩子来说又有些许陌生，本环节可通过引入鲁迅与绍兴的相关资料，让学生借助资料，理解这些平凡事物背后对鲁迅的意义，以此落实单元语文要素"借助相关资料，理解课文内容"。

题3：结合"阅读链接"中的材料，说说对课文最后两个自然段的理解。

本题是落实单元语文要素的关键，由"体会"走向"解释、评价"。需要学生在"阅读链接"的资料中勾连运用第六单元的阅读方法，抓住作者表达观点的词句，获取名家对《好的故事》的点评，进一步理解"昏沉的夜"的深沉含义。教师可适时补充相关的时代背景资料，或设疑引导学生关注首尾重复出现的词语，结合资料来谈谈自己的理解。

【学情分析】

（1）学习基础点：学生在单元导读和《少年闰土》中已形成对鲁迅及其文学风格的初步认识。

（2）学习障碍点：因本文创作年代比较久远，涉及较多带有年代感的词语，学生对当时的社会情况和作者当时的境遇不了解，所以学习起来有难度，对以散文诗形式存在的文本也难以深入理解。

（3）学习生长点：鲁迅作品的语言含义深刻、遣词造句晦涩难懂，增加了学生阅读理解的难度。本课学习需要教师引导学生运用联系上下文和借助资料等方法理解难懂的词语，并以贴近学生生活的方式，引导学生走进鲁迅先生的回忆，进而读懂鲁迅作品中的深层含义。

【教学目标】

（1）能正确、美观地书写"搁、综"等13个字，会写"预告、烟雾"等15个词语。

（2）能联系上下文、借助资料理解难懂的词语，在此基础上正确、流利地朗读课文。

（3）能抓住关键词句，通过设计《寻梦绍兴》纪录片脚本，体会梦境的美好。

（4）能结合"阅读链接"中的资料，进一步读懂课文。

【学习任务】

走进印象寻梦馆，阅读好的故事，借助资料理解难懂的词，体会梦境的美丽幽雅有趣，读懂文字背后的意思。

活动一　梳理故事，感知梦境

活动提示：请填词语，概括结构层次。

活动二 寻梦绍兴,设计脚本

活动提示:"印象·寻梦馆"馆长正组织导演拍摄《寻梦绍兴》纪录片,计划在馆内巨幕影院播出,假如你是导演,请品读"梦境",圈画关键词句,设计纪录片脚本。

活动三 寻梦广州,创意表达

活动提示:借助资料,仿照诗一般的语言,为《寻梦广州》纪录片片头配文案。

活动四 梦醒时分,追寻希望

活动提示:"印象·寻梦馆"馆长正组织导演拍摄《梦醒时分》纪录片,计划在馆内巨幕影院播出,假如你是导演,请品读"昏沉的夜"部分,圈画关键词句,设计纪录片脚本。

【任务架构图】

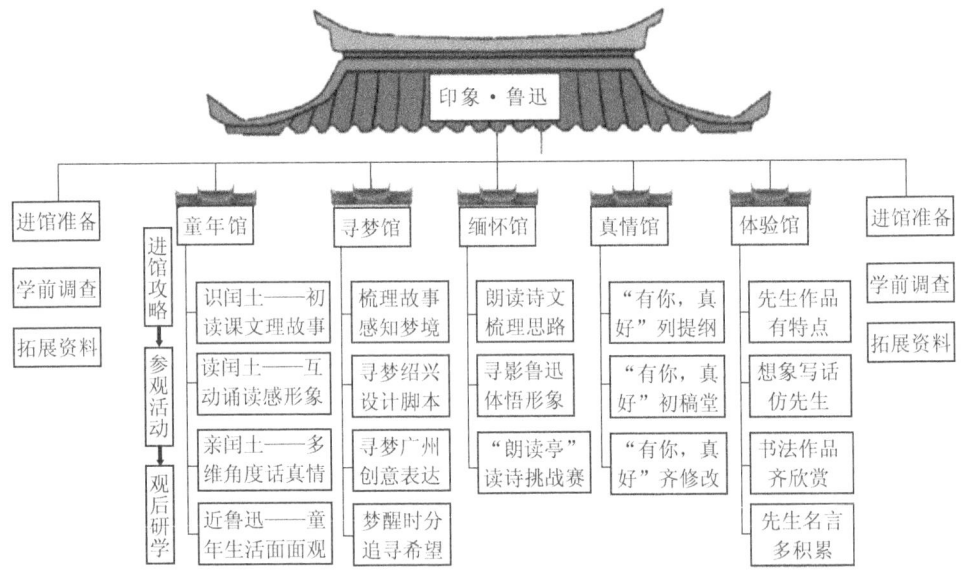

【教学准备】

希沃白板课件、作业单。

【学习过程】

第一课时

板块一 初踏寻梦馆,解词得法触年代

1. 课前预习

(1) 朗读课文,读准确、读流利,重点朗读第5、7自然段。

(2) 初读课文,圈画难懂的词语。再读课文,尝试运用学过的方法理解难懂的词语。

(3) 批注"阅读链接"中的关键句,把握资料的主要观点。

设计意图:精准把握学情,了解学生知识储备,基于学情开展课堂教学。引导学生在预习时尝试运用学过的方法理解难懂的词语,由词语拉近学生与写作年代的距离。

2. 走近年代,梳理难词

过渡语:走出"印象童年馆",我们告别鲁迅的儿时玩伴——闰土,推开门,跟随馆长,踏入"印象·寻梦馆",一起品味关于鲁迅先生记忆中好的故事。

(1) 出示鲁迅作品的相关图片,导入新课。

(2) 朗读课后习题一,交流预学单中"难懂的词"和"理解的方法"。

(3) 借助资料,理解"泼剌、奔迸、云锦"。

3. 走近梦境,梳理故事

(1) 过渡:这个"好的故事"像一天云锦又如万颗奔星飞动,其实是什么?借助资料,我们知道,这是一个梦境。

(2) 寻找"梦境"的依据。

学习提示:快速默读课文,找一找,画一画,课文的哪些地方让你认定"好的故事"是一个梦境。

(3) 在鲁迅先生眼中,这个梦境很_____。

(4) 梳理课文结构。

小结:先生从"昏沉的夜"开始,做了一个梦,最后又回到"昏沉的夜",这就是"好的故事"的结构。

设计意图:通过展示鲁迅作品中的具有年代感的故事,拉近学生与作者的距离,引出同样具有年代感的词语,让学生理解保留这些词语的意图既是尊重文本作者,也是我们理解文本的关键。以单元导读页里的语文要素为引,提醒学生回顾"借助资料,理解课文内容"的阅读方法。有目的地梳理理解词语意思的策略,帮助学生习得方法。

板块二 披文来入梦,脚本设计品佳境

1. 寻梦绍兴,设计脚本

(1) 阅读资料,获取初步认识。

过渡语:"日有所思夜有所梦",先生的梦境里思念的是什么?将他的思念用笔画下来。

(2) 自由朗读课文。看到这幅江南水乡图,你什么感受?

(3) "印象·寻梦馆"的馆长正组织导演拍摄《寻梦绍兴》纪录片,假如你是其中的一位，请借助资料内容，品读"梦境"部分，圈画关键词句，设计纪录片的脚本，将你的观感呈现给观众。

（1）学习提示：假如你是其中的一位，请借助资料内容，品读"梦境"部分，圈画关键词句，设计纪录片的脚本。

（2）观看微课示范。

（3）个人自主学习，小组交流，填写"脚本"。

（4）请代表交流分享"脚本"，点评补充，并根据评价表评选"最佳导演组"。优秀脚本录入"印象·寻梦馆"。

（5）根据汇报的段落，朗读。

（6）第7段汇报后，请学生参考梦境中的景物为鲁迅先生编织云锦，传递说说：大红花一朵朵全被拉长了，这时是泼剌奔迸的红锦带。带织入（　　）中，（　　）织入（　　）中，（　　）织入（　　）中……

2. 师生共读，感受美妙

镜头剪辑合成《鲁迅的回忆》，配乐朗读。引读：凡是我所经过的河，都是如此。

设计意图：通过设计纪录片脚本的任务，让学生在任务驱动下自发品读梦境并交流，激发学生阅读的兴趣。通过多种方式的朗读，让学生在语言输出中感悟梦境的美妙。

板块三　博览众资料，寻梦广州诗配文

1. 结合资料，仿诗配文

过渡语：同学们，你知道吗，鲁迅先生一生中最快乐的时光是在家乡绍兴度过的，《好的故事》梦中满是他对家乡的美好记忆。他与广州也有过一段缘分。1927年，鲁迅曾到广州生活了8个月之久，现在，我们依旧能够在广州找到鲁迅生活过的痕迹。

（1）请导演们跟随馆长，走进"时光隧道"，借助鲁迅在广州的相关资料，仿照诗一般的语言，为即将开拍的《寻梦广州》纪录片的开头配文案。

（2）配乐，生分享朗读。

2. 结语：在鲁迅先生的笔下，在诸位导演的镜头下，这个故事越发美丽、幽雅、有趣。那这个收藏在"印象·寻梦馆"里美好的梦，对于鲁迅先生来说意味着什么呢？我们下一趟旅程继续讨论。

设计意图：借助鲁迅在广州的资料，丰富学生对鲁迅先生的认识。通过运用"仿诗配文"的方式，引导学生成长为主动的阅读者、积极的分享者和有创意的表达者。

3. 观后研学

对于《好的故事》这篇散文诗,你还有哪些不理解的地方?再次默读课文,自主查找资料,并借助资料与同桌交流你的思考。

设计意图:鼓励学生课后提出问题,并积极搜集相关资料解决,为第二课时的课堂交流做铺垫。

板书设计:

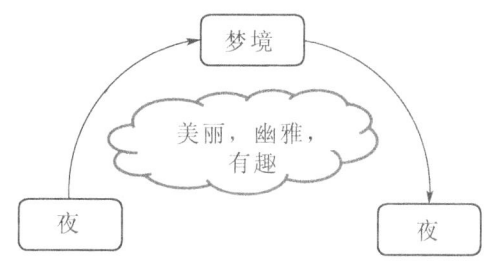

第二课时

板块一　重温生字词,入情朗读忆梦境

复习导入,检查生字

(1) 朗读梦境中你最喜欢的句子。

(2) 巩固旧知,字词检测。

设计意图:通过字词检测,复习词语。朗读梦境中喜欢的句子,回忆梦境的美好。

板块二　顾盼水之影,渐出梦境悟昏沉

1. 借助资料,理解梦境

(1) 过渡语:日有所思,夜有所梦,梦往往是一个人心灵的投射,那么这个美好的梦对于鲁迅先生来说意味着什么呢?我们一起来看一段资料。

①课件出示"阅读链接1":根据预学单,课前你批注了哪个表达观点的句子?

②借助资料,我们知道——作者渴望这样美丽的生活,是这篇作品的主要精神。

(2) 鲁迅先生的梦境这么美,令人向往,但美丽的画面总是容易因水面的波动而碎散开去。让我们走进"巨幕影院"第二场次,看看梦醒时分,回到现实的鲁迅先生又有怎样的回忆。

2. 品读"倒影",了解内涵

(1) 朗读回顾"倒影"的特点。

预设:这些景物的倒影一直在"动",并且很杂乱,很多。追问:"动"给你什么感觉？试着伸手抓一抓。

预设：在梦境中害怕动的东西会消失，抓不住，担心失去。

（2）课件展示写作背景，探讨"倒影"特点，体味先生情感。

预设：先生生活的年代很动荡，他害怕失去宁静的生活。这些美好就像水中的倒影一样，可以看出先生当时起起伏伏的心境，怕失去这个美丽的梦。

（3）小结：所以，这个好的故事不仅是美丽、幽雅、有趣的，还是过去、虚幻、易碎的。

3. 体味"昏沉的夜"

（1）过渡：鲁迅先生的梦境这么美，令人向往，但美丽的画面总是容易因水面的波动而碎散开去。梦醒时分，鲁迅先生还是回到了昏沉的夜，这是怎样昏沉的夜晚？（补充板书）

①读第一自然段，说一说这是什么时候。预设：联系"鞭爆"，应该是过年的时候。

②联系创作时间 1925 年，补充 1925 年的相关资料——《做现实主义者，为不可能之事——1925 年的鲁迅》《1925 年的鲁迅》。

（2）此时此刻，你看到一个怎样的鲁迅？

预设：独自一人抽着烟，拿着书，听着外面的鞭炮声，享受着夜的黑暗。他很孤独、寂寞。

4. 设计脚本，追寻希望

过渡：美丽的梦境是先生向往的美好生活，那么，昏沉的夜仅仅指夜晚吗？请各位导演再次借助资料，设计《梦醒时分》纪录片的脚本。

（1）学习提示：请借助搜集的资料和阅读链接2，品读第 10～12 段，圈画关键词句，完成脚本。

（2）3 分钟个人自主学习，3 分钟小组合作交流，填写"脚本"。

（3）请代表交流分享"脚本"，并点评补充。

引导：正如"阅读链接"中的资料所述，这篇文章中运用了象征的写法。

（4）根据汇报的段落，朗读。

（5）在如此黑暗、昏沉的夜晚，鲁迅先生珍爱着这一篇好的故事，趁碎影还在，我们与鲁迅先生一起追回他的梦，追回_____，完成_____，留下_____。

设计意图：由品读"倒影"导入，既引导学生回顾旧知，也引导学生再次深入品味"梦境"的象征意义。通过设计纪录片脚本的任务，承接第一课时的学习情境，让学生在任务驱动下借助资料，自发品读"昏沉的夜"并交流，激发学生阅读的兴趣。通过引入梦境部分的朗读，让学生在语言输出中感受鲁迅先生追寻美好的执着。

板块三　回首梦之境，坚定追寻立精神

1. 回味梦境，感受精神。

（1）过渡：在这篇好的故事里，与其说它是一个美好的梦境，不如说这其实是鲁迅先生独特的、红色的中国梦，他就像那株瘦削的一丈红——即使身处黑暗的时代，他却依然坚信美好、渴望美好。正如鲁迅先生所说——

（2）引读：但我总记得见过这一篇好的故事，在昏沉的夜……

2. 梳理学法

（1）交流：在这节课的学习过程中，我们借助了哪些资料？今后我们在阅读某些文学作品遇到困难时，我们可以查阅哪些资料呢？

预设：作者生活的经历、创作背景、别人对作品以及作者的评价等。

（2）在那个黑暗的社会，鲁迅先生只能借着这样一场梦来抒发自己对美好事物的憧憬和对黑暗现实的失望、迷茫。现在，在我们这个和谐、民主、平等的社会，你又想对鲁迅先生说什么？

（3）结语：借着这篇好的故事，希望导演们也能坚定追寻属于自己的好的故事。

设计意图：通过引读，回味梦境，让学生在朗读中感受鲁迅先生的精神。

3. 观后研学

（1）完成拓展阅读《雪》。

（2）推荐阅读《风筝》。

设计意图：拓展阅读鲁迅的《雪》，学生通过阅读链接，可尝试运用本课的方法，迁移感悟"雪"的象征意义，达到学以致用的目的。

板书设计：

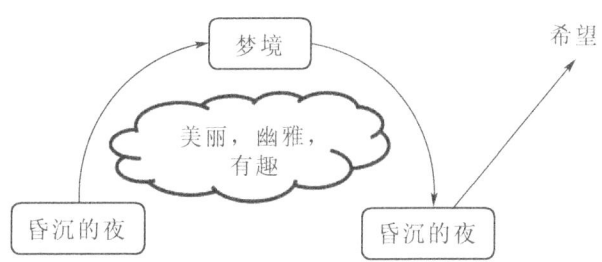

设计意图：回环式设计，展现课文结构的同时体现首尾呼应的结构特点。

四、同课异构阅读教学

小初衔接同课异构教学旨在通过对比小学与初中阶段相同或相似课程的不同教学方法和侧重点，促进教学内容的连贯性和学生认知能力的平稳过渡。其目的在于优化教学资源配置，满足不同学段学生的学习需求，确保学生在升入初中后能够迅速适应新的学习环境和学习要求。同课异构教学的实施有助于教师深入了解学生发展的阶段性特征，创新教学模式，增强教学的针对性和实效性，构建高质量的教育体系。

1. 教学目标

在核心素养导向的语文教学背景下，依据《义务教育语文课程标准（2022年版）》的要求，同课异构教学策略旨在通过不同学段的教学设计，培养学生的深度阅读能力、批判性思维，特别关注学生从小学到初中阅读能力的过渡与衔接。具体目标如下：

深度阅读能力：学生能够适应不同学段的阅读要求，掌握并运用多种阅读策略，如预测、提问、总结等。

批判性思维：培养学生在不同学段都能提出问题、分析评价、综合判断的能力，形成独立的见解。

综合素养：通过阅读，拓宽学生的知识面，提升其文化素养、审美情趣和情感体验，培养学生的跨学科整合能力，实现学段的顺利过渡。

过渡与衔接：确保学生能够适应从小学到初中阅读材料的难度和深度的变化，通过教学策略的调整，使学生逐步适应初中阶段的阅读要求。

2. 教学内容与方法

（1）学段衔接设计

分析小学与初中阅读教材的异同，确定衔接点，如主题、体裁、难度等。设计过渡性阅读材料，逐步增加难度和深度，确保学生在进入初中时能够顺利过渡。在小学阶段高年级引入一些初中阶段的阅读策略和技巧，为学生做好铺垫。

（2）同课异构策略应用

选取同一主题或体裁的课文，在不同学段设计不同的教学目标和教学方法。小学阶段注重基础阅读和兴趣培养，通过故事讲述、角色扮演等活动形式激发学生阅读兴趣。初中阶段注重深度阅读和批判性思维训练，通过文本细读、批判性思维训练、比较阅读等活动，提升学生阅读能力。在不同学段设置不同的阅读任务和挑战，以适应学生的认知水平和阅读能力的发展。

(3) 教学方法与活动

小学阶段：采用故事讲述、角色扮演、图画书阅读等活动形式，培养学生的想象力和表达能力。

初中阶段：通过文本细读、批判性思维训练、比较阅读、小组讨论等活动，培养学生的分析能力和综合判断能力。

跨学段活动设计：组织跨学段的阅读分享会、读书报告会等活动，促进学生之间的交流和学习。

3. 教学评价与反馈

（1）过程性评价

检查学生的阅读计划和阅读笔记，了解其阅读进度和深度，给予及时的指导和反馈。

观察学生在课堂讨论、分享会等活动中的参与度和表现，记录学生的成长和进步。

（2）结果性评价

通过测试评估学生对同一主题或体裁课文的理解程度，包括主题思想、情节发展、人物形象等方面。

评价学生在不同学段阅读策略的运用和批判性思维能力的发展，如提问能力、分析能力、综合判断能力等。

（3）反馈与指导

针对不同学段学生的阅读能力发展情况，给予个性化的反馈和指导，让学生清楚自己的优势和不足。

鼓励学生组成阅读小组，相互提供反馈和帮助，共同提升阅读能力，培养其合作学习的精神。

4. 教学反思与总结

学段衔接效果反思：评估同课异构教学策略在学段衔接方面的效果，分析存在的问题和不足，如学生在过渡阶段的适应情况、阅读策略的运用情况等。

教学方法调整：根据教学反思结果调整不同学段的教学方法和活动设计，以适应学生的实际需求和阅读能力的发展。

学生表现与兴趣激发：总结学生在不同学段的表现和兴趣变化，探索更多元化的教学手段和活动形式，以进一步激发学生的阅读兴趣和积极性，如设置阅读挑战、举办"阅读节"活动等。

持续关注与指导：关注学生的阅读能力发展，提供持续指导和支持，确保其在不同学段的阅读能力都能得到有效提升。同时，鼓励家长参与孩子的阅读过程，共同促进孩子的阅读成长。

附　教学设计：《阿长与〈山海经〉》

【教材分析】

本文是统编版《语文》七年级下册第三单元第一课，它选自鲁迅的一篇回忆性叙事散文，作者用朴素但又不乏幽默的笔触，叙写了阿长的一些有代表性的生活片段。通过事件的详略变化和写作视角的转换，塑造了阿长这个小人物的形象，让作者充满敬意与怜爱、感激与怀念、同情与愧疚，也有温暖与力量。让我们读者也能重新审视如何看待身边小人物，以及如何做一个平凡的人。

从阅读方法来说，本课的阅读注重熟读精思。怎样熟读精思，就是要运用一定的阅读策略，如从标题、详略、角度等方面把握重点。引导学生从细节入手，通过矛盾法、对比分析法去深入体会阿长的个性特点，多角度、多侧面地把握人物形象，进而体会作者在刻画人物形象过程中注入的丰富感情。

从写作角度来看，鲁迅很喜欢电影，他的许多作品都是由"一个一个的镜头"组成的。写人，先叙述，交代原因（时间）再描写人物言行神态，最后议论，写出"我"的感受。

学生读完此文后，也会深刻地认识到小人物身上的大性格：有着朴素的爱与单纯的善，有着平凡的向往与坚定的追求，还有着自信与智慧。

【学情分析】

1. 学习基础点

鲁迅作品基础：学生已具备一定的鲁迅作品阅读经验，从六年级到初一，他们接触并阅读了如《好的故事》《从百草园到三味书屋》以及《朝花夕拾》中的部分篇章。这些经历使学生对鲁迅的文学风格、情感倾向（如对家乡和亲人的深深眷恋与思念）有了初步的认识和感受。

叙事散文理解：七年级学生对写人记事类文章已不陌生，能够识别并理解文章的基本结构和情节发展，对人物形象的初步分析也有一定的基础。

阅读方法积累：通过七年级下册第一单元"杰出人物"的学习，学生掌握了精读文章的基本方法，包括把握关键语句或段落、通过细节理解人物特征及其情感，这为深入理解《阿长与〈山海经〉》等类似文本打下了良好的基础。

2. 学习障碍点

人物形象理解的表面化：尽管学生有一定的阅读经验，但在分析人物形象时，往往停留在表面特征上，难以深入到人物性格的复杂性和多面性。对于《阿长与〈山海经〉》中阿长这一角色的丰富性理解存在不足，尤其是六年级学生的理解更为浅层。

时代背景与情感体验的隔阂：由于作品年代久远，学生可能难以直接理解当时的社会环境和文化背景，进而影响到对文章中人物情感及作者意图的准确把握。

生活经验的局限：现代学生与鲁迅所描述的生活场景存在较大差异，这种生活经验的匮乏可能阻碍他们对文章中某些情节和情感的共鸣与理解。

3. 学习生长点

深化人物形象分析：通过引导学生采用多角度、多侧面的分析方法，突破对阿长形象理解的表面化，深入挖掘其性格特点和内心世界，提升对复杂人物形象的理解能力。

增强历史与文化背景的感知：通过补充相关历史背景资料，帮助学生建立对文章时代背景的认识，从而更好地理解人物行为背后的动机和情感基础。

培养批判性思维能力：鼓励学生运用追问法反思自己对文本的理解，挑战惯性思维，发现新的解读角度，提升在阅读中的批判性思维和创新能力。

提升情感体验与共鸣：通过情境创设、角色扮演等活动，让学生尽可能贴近文本中的生活场景，增强情感体验，促进对作者情感的深刻理解与共鸣。

【教学目标】

1. 六年级学生目标

（1）初步感知人物形象

通过朗读课文，引导学生梳理并概述阿长的主要情况（如"睡相粗俗""逼吃福橘"等）。

运用简单的对比方法，初步感受阿长性格中的某些特点（如善良、朴实）。

理解作者对阿长态度的初步转变，认识到即使是对看似不讨喜的人，也可能有值得尊敬之处。

（2）体验叙述方式

简要介绍叙述文体的基本特点，帮助学生区分故事中的直接叙述与间接叙述。

通过识别课文中的时间标记词，理解故事是按时间顺序展开的。

引导学生关注作者在叙述过程中融入的个人情感，初步感受作者对阿长的复杂情感。

2. 七年级学生目标

（1）深入分析人物形象

深入诵读课文，指导学生运用细节阅读法、矛盾分析法，从多个事件中全面剖析阿长的个性特点。

通过对比分析法，探讨阿长性格中的矛盾之处（如粗俗与细心并存），理解其性格的丰富性和多面性。

深入理解作者对阿长态度转变的深层原因，体会作者在刻画小人物形象时倾注的深厚情感，以及这种情感变化对文章主题的升华作用。

（2）掌握叙述技巧与视角转换

深化对叙述文体特征的理解，学会从标题、详略安排、叙述视角等角度深入分析文章结构。

重点研读"买《山海经》"部分，提取并分析代表"写作时的回忆"与"童年的感受"的语句，探讨两种叙述视角（成年与童年）下作者情感与态度的微妙变化。

引导学生思考这种视角转换如何增强文章的感染力和深度，以及它在表达主题方面的作用。

【教学重点】

（1）把握课文的主要内容，理解阿长的形象，感受何为欲扬先抑、抑中有扬的写作方法。

（2）理解回忆性散文中，作者将写作时的回忆与童年的感受彼此交错转换的特点。

（3）注意分析关键语句，体会作者词语运用之妙。

【教学难点】

1. 六年级学习重点与难点

学习重点：

（1）初步认识人物形象：通过课文的学习，学生能够梳理出阿长的主要事迹，并能用简单的语言概括出阿长的基本性格特点，如善良、朴实等。

（2）体验叙述方式：引导学生初步了解叙述文体的特点，特别是时间顺序在叙述中的运用，以及作者在叙述中融入的个人情感。

学习难点：

（1）情感复杂性的理解：对于六年级学生来说，理解作者对阿长态度的复杂变化（从最初的厌烦到后来的尊敬与怀念）可能是一个难点，需要教师通过具体事例的解析和情感的引导来帮助学生体会。

（2）叙述视角的初步感知：虽然不要求深入理解，但让学生初步感知到文章中可能存在不同的叙述视角（如成年后与童年时的视角差异），并尝试从自己的生活中找到类似的体验，可能对学生来说具有一定的挑战性。

2. 七年级学习重点与难点

学习重点：

（1）深入分析人物形象：要求学生能够运用多种分析方法（如细节阅读法、矛盾分析法）从多个角度深入挖掘阿长的性格特点，理解其性格的复杂性和多面性。

(2) 掌握叙述技巧与视角转换：深入理解叙述文体的特征，特别是如何从标题、详略安排、叙述视角等方面把握文章重点。重点研读"买《山海经》"部分，分析从不同叙述视角对文章情感表达和主题深化的作用。

【教学准备】

教师准备 PPT 和学习任务单（预学单、导学单），导学单发给小组的组长。预学单提早一天发给所有学生。

课前预习安排：

(1) 初读课文，读准字音，会写生词。

(2) 了解《山海经》、阿长的称呼、读拓展资料第 56 页中《长妈妈其人》。

(3) 了解鲁迅写作的背景及幼年读的《山海经》对其的影响。

(4) 完成预学单。

【学习过程】

第一课时（小学）

1. 复习导入

(1) 读课题。阿长是谁？鲁迅都怎么称呼她？引出小人物并板书。

(2) 检查预习。

①都写了阿长哪些事件？作者对其态度如何？

②在这些事件中，哪些详写，哪些略写？你认识了一位怎样的阿长？

2. 引发质疑（以思维切入课堂，以问题切入思维）

本节课你还想研究什么问题？

预设：①为何只以最后一件事为题？②到底是写阿长的好还是坏？

归纳问题：阿长是什么人？作者的写作目的是什么？这就是我们今天要一起探究的问题？

3. 深入探究——人物形象

(1) 共读第一件事（睡相粗俗）。

出示共读提示：

默读文本：思考文字背后的秘密，并写批注

对于"我"和母亲的提醒，阿长的表现是什么？请在文中圈出来，思考她还是个怎么样的人。

◆ 摆成大字—关注妈妈的语言，换位思考，感受"理解"。

①预设：生找到三个"不"，引导认识纯朴、勤劳的阿长。（出示：推她呢，不动；叫她呢，也不闻。"长妈妈生得那么胖，一定很怕热罢？晚上的睡相，怕不见得很好罢？……"她不开口。但到夜里，我热得醒来的时候，却仍然看见满床

摆着一个"大"字，一条臂膊还搁在我的颈子上）

学生找出"不动""不闻""不开口"的原因，学生板书"勤劳、纯朴"。

②关注母亲的话，换位思考，感受"理解"，如果去掉前后的话（就出示语言）这句话还可以谁对谁说？（师板书理解）

小结学法：抓住人物的表现、语言描写就能解锁阿长这个人物形象，所谓抑，实际是在——扬，原来抑中有扬。

（2）习得多角度评价人物的方法，小组合作学习另外三件事。

我们继续聚焦描写阿长的另外三个特写镜头，以小组为单位，用上刚才的学法，继续解密阿长。

先自学，再四人小组合作完成导学单。

◆ 逼吃福橘——指导朗读对话，感受人物迷信、知足安命背后的求美、善良。

（1）学生汇报（6至11段）。

①预设：关注动作：一把按住、摇着我的肩（着急）塞我嘴里（关心我）。

②预设关注语言：

A. 牢牢、第一句话、不许、还得吃、那么一年到头，顺顺流流（板书"关心"）

B. 关注"恭喜"。再次关注到反复出现的"恭喜"（出示"阿妈，恭喜……""恭喜恭喜！大家恭喜！真聪明！恭喜恭喜！"）（板书"善良"）。

◆ 细说"长毛"——关注讲故事时的形容词。

◆ 会讲故事。

预设：面如土色，拍着胸脯（会讲故事）

◆ 买《山海经》

预设①关注时间：（板书"关心入微，慈爱，质朴"）；②关注语言（引导学生想象，感受阿长的忠心）。

A "三哼经"，让我们有说不出的感动；现场表演阿长买书的困难；评价人物。

B 指导朗读，升华情感。

◆ "哥儿，有画儿的'三哼经'，我给你买来了！"

4. 创设情境——怀念阿长

（1）再次朗读阿长的经典语言。

（2）师引读第30、31段（配乐）出示：我的保姆，长妈妈即阿长，辞了这人世，大概也有了三十年了罢……

5. 总结学法，再悟人物形象

出示：阿长不仅是鲁迅的保姆，还像是他的（　　　　）。

下节课，继续学习鲁迅先生写实的笔法，不虚美，不隐恶，调动我们的情感储备，去寻找身边的"阿长"。

第二课时（中学）

教学目标：
（1）品读人物的动作语言细节，感受细节背后的深情。
（2）体会两个叙述视角（儿时与成年）的不同，理解作者创作的初衷。

教学重难点：
（1）读懂人物性格的丰富性。
（2）理解作者创作的初衷。

教学过程：
（1）回顾：第一节课的内容。

（第一课时布置课后任务）

细读两个详写的片段，按下面提示勾画相关词句并批注：

文段中，阿长对我说＿＿＿＿＿＿／做＿＿＿＿＿＿，这表现了她对我的＿＿＿＿＿＿（情感）。

教师提问："同学们，谁能分享一下你们勾画的句子和批注？阿长说了什么或做了什么，让'你'感受到她对'你'的什么情感？"

（2）细读："阿长"对我的情感。

小组交流，分享批注。

小组活动：每个小组选择一个片段，讨论并分享批注。

朗读片段，品读情感。

方法点拨：关注细节，抓关键词句。

通过细节读懂人物：形象＋情感。

教师提问："谁来读一读你所选的这个片段，并谈谈通过这些细节你感受到的阿长是怎样的一个人？"

（3）品读：我对"阿长"的情感。

儿时的"我"，是怎样看待阿长的爱？成年的"我"，又是怎样看待阿长的爱？

缅怀，只言片语寄情思："长妈妈已远去，我始终忘不了她＿＿＿＿＿＿，我想对她说：＿＿＿＿＿＿。仁厚黑暗的地母啊，愿在你怀里永安她＿＿＿＿＿＿的魂灵。"

教师提问："儿时的'我'对阿长的情感是复杂的，既有不耐烦也有感激。那么成年的'我'呢？请填一填上面的空格，说说成年的'我'是如何看待阿长的吗?"

教师小结:《朝花夕拾》题目内涵"朝花带露香,夕拾意味长"。

教师总结:"《朝花夕拾》中的'朝花'代表着儿时的记忆,那时的记忆如同带着露水的花朵,清新而芬芳;'夕拾'则是成年后的回忆,这些回忆意味深长,充满了对过去的感慨和怀念。"

(4)延读:再寻"阿长"。

"时光不老,温暖依旧"。在你的身边,有没有像阿长这样的普通人?让你难忘,让你温暖。请说说你和她/他的故事。

教师提问:"同学们,你们身边有没有像阿长这样的人?他们或许普通,但他们的某些行为或言语让你觉得温暖、感动。能不能分享一下你和她的故事?"

学生分享:"我想起了我的外婆,她总是……"

教师总结:"我们每个人的生命中,都有像阿长一样的人,他们或许平凡,但他们的爱和关怀却让我们铭记于心。这也是鲁迅先生在《朝花夕拾》中想要传达给我们的:珍惜身边每一个给予我们温暖的人。"

五、跨学科整合式阅读教学

在核心素养导向的语文教学中,跨学科整合式阅读教学不仅是一种创新的教学方法,也是培养学生综合素养的重要途径。它鼓励学生从多学科视角深入理解和分析文本,旨在培养学生的综合阅读素养,提升学生的批判性思维能力以及跨学科知识的整合与应用能力。

1. 教学准备

文本选择:精选一篇与多学科内容紧密相关的课文,例如《伯牙鼓琴》,这篇课文不仅是一篇文言文,还涉及音乐、历史、文化等多个学科的知识点。

确保文本难度适中,既包含六年级学生已学过的文言文知识,又引入一些新的音乐、历史、文化概念和观点,以激发学生的好奇心。

跨学科资源准备:可根据《伯牙鼓琴》这篇课文,搜集并整理与音乐、历史、文化相关的资源,如古琴演奏的视频、古代音乐家的介绍、相关历史时期的背景资料等。准备一些互动性的资源,如古琴模型、传统音乐乐器展示等,以便学生在课堂上进行观察和操作。

确定教学目标:明确本次阅读教学的核心素养目标,包括提升学生对文言文的理解能力,对音乐、历史、文化的基本了解,培养学生批判性思维,以及增强跨学科知识整合能力。

制定具体、可衡量的教学目标,如学生能够准确理解《伯牙鼓琴》中的文言文表达,能够分析伯牙和锺子期之间的友情,并能够运用历史知识解释古代音乐的地位和影响。

2. 教学过程

（1）引入阶段

利用多媒体手段创设一个与文本内容相关的跨学科情境，如播放一段古琴演奏的视频，引导学生进入古代音乐的氛围。

提出一个与文本内容紧密相关且涉及多学科知识的核心问题，如"为什么《伯牙鼓琴》能够成为古代音乐的经典之作？"引导学生带着问题进入阅读状态。

（2）自主阅读阶段

学生独立阅读课文《伯牙鼓琴》，鼓励他们使用标注、批注等方法标记难以理解的部分，如陌生的文言文字词、复杂的音乐术语等。

在小组内进行初步的阅读分享，鼓励学生提出疑问和看法，如"伯牙和锺子期之间的友情是如何通过音乐来表达的？"学生通过互助方式尝试解答部分疑难问题。

（3）跨学科整合阶段

教师根据文本内容和学生需求，适时引入其他学科的相关资源。例如，在解释古代音乐的地位和影响时，引入历史学的相关知识；在分析伯牙和锺子期之间的友情时，引入文学和心理学的相关观点。

引导学生结合其他学科的知识，对核心问题进行深入分析和解答。例如，学生可以运用历史知识解释为什么《伯牙鼓琴》在古代如此受欢迎，或利用文学知识分析课文中的情感表达。

鼓励学生运用多种形式展示跨学科整合的阅读成果，如制作包含音乐、历史、文学知识的海报，口头介绍《伯牙鼓琴》的背景和意义，或表演小品展示伯牙和锺子期之间的友情故事。

（4）反思与评价阶段

引导学生回顾自己的阅读过程和跨学科整合的经历，进行个人反思和总结。例如，学生可以思考自己在阅读过程中遇到了哪些困难，是如何通过跨学科整合来解决的，以及通过这次阅读自己有哪些收获。

小组成员之间根据展示成果和参与度进行互评。评价时可以关注成员在跨学科整合过程中的贡献、对核心问题的理解深度以及展示成果的创新性和实用性。

教师对学生的跨学科整合阅读成果进行综合评价。评价时可以参考学生的个人反思、小组互评以及自己在课堂上的观察记录。同时，教师应提出具体的改进建议，如加强某个学科的知识储备、提高展示成果的条理性等。

3. 教学后续阶段

（1）作业布置

布置与本次阅读教学相关的跨学科整合作业，如要求学生结合课文内容写一篇关于《伯牙鼓琴》的音乐赏析小论文，要求包含对该曲目的音乐分析、历史背景探讨以及文化意义阐述；或创作一首与《伯牙鼓琴》相关的现代诗歌，表达自己对友情的理解和感悟；或制作一个融合音乐、历史、文学知识的展板，展示《伯牙鼓琴》的魅力。

作业设计应具有趣味性和挑战性，能够激发学生的创造力和想象力。同时，作业难度应适中，既能够巩固学生在课堂上的学习成果，又能够促使他们进行进一步的探索和思考。

（2）反馈与调整

收集学生作业和课堂反馈，分析教学效果。了解学生在跨学科整合阅读方面的进步和遇到的困难，如学生在整合不同学科知识时是否存在障碍、对核心问题的理解是否深入等。

根据反馈结果对本次跨学科整合式阅读教学进行反思和调整。例如，如果发现学生在某个学科的知识储备不足，可以在后续教学中加强该学科的内容；如果发现学生在展示成果时条理不够清晰，可以加强对学生逻辑思维和表达能力的训练。

鼓励学生持续进行跨学科的学习和探索。可以在课堂上设立跨学科学习角，提供相关的书籍和资源；或者组织跨学科的主题活动，如古代音乐鉴赏会、传统文化体验日等，让学生在实践中深化对跨学科知识的理解和应用。

附1 教学设计：《伯牙鼓琴》

一、主题

艺术与人文的对话：穿越《伯牙鼓琴》，探索艺术之美与人生哲理。

二、情境设定

在"艺术与人文之旅"大型学习情境下，本课将围绕《伯牙鼓琴》这一经典故事，构建一个名为"知音文化探索营"的虚拟营地。学生们将作为"探索者"，在"艺美·古琴馆""历史长廊""文学殿堂"及"现代艺术工坊"等区域进行探索与学习，通过跨学科整合的方式，深入挖掘《伯牙鼓琴》的艺术价值、历史背景、文学内涵及其在现代社会中的意义。

三、情境任务框架

任务一　启程——走进"知音文化探索营"

目标：激发学生对《伯牙鼓琴》故事及艺术之美的兴趣，初步了解单元学习任务。

活动：举行开营仪式，介绍"知音文化探索营"的各个区域及学习任务；观看《高山流水》演奏视频，感受古琴音乐的魅力。

任务二 探索与发现——跨学科整合学习

（1）历史长廊漫步。

目标：了解俞伯牙、锺子期的历史背景及古琴文化。

活动：学生分组查找并分享俞伯牙、锺子期的历史资料；在教师引导下，探讨古琴文化的起源、发展及其在中国文化中的地位。

（2）文学殿堂研读。

目标：深入理解《伯牙鼓琴》的内容，体会文言文的语言美。

活动：朗读并背诵课文，教师指导朗读技巧；小组合作梳理故事情节，提炼小标题；借助语言文字展开想象，描绘伯牙琴声中的高山流水景象。

（3）艺美·古琴馆体验。

目标：结合音乐知识，体会伯牙琴艺之精妙与知音情谊之深厚。

活动：聆听不同版本的《高山流水》，分析曲目的音乐特点；结合课文探讨音乐与情感的契合度；尝试用简单的音乐符号或旋律表达课文中的某个场景。

（4）现代艺术工坊创作。

目标：通过现代艺术形式展现《伯牙鼓琴》的故事与情感。

活动：分组选择适合的艺术形式（如微电影、舞台剧、绘画、音乐创作等）进行跨学科整合创作；准备作品展示与分享，体现对《伯牙鼓琴》故事及知音文化的理解与创新。

任务三 分享与反思——知音文化的现代传承

目标：展示学习成果，探讨知音文化在现代社会的意义与价值。

活动：各组展示跨学科整合创作的作品，分享创作过程与感悟；全班讨论《高山流水》在现代社会的应用与影响（如G20杭州峰会等案例）；撰写个人学习心得，反思学习过程与成长收获；评选"最佳创意奖""最佳表现奖"等奖项，表彰优秀探索者。

四、总结与展望

在闭营仪式上，教师总结本课的学习成果与亮点，鼓励学生在未来的学习与生活中继续探索艺术与人文的奥秘，传承与发扬中华优秀传统文化。同时，引导学生思考如何将所学知识与技能应用于实际生活中，为社会的进步与发展贡献自己的力量。

【教材分析】

《伯牙鼓琴》选自统编版小学《语文》六年级上册第七单元，本单元围绕

"艺术之美"的主题，通过不同艺术形式展现其独特魅力。《伯牙鼓琴》作为文言文经典，不仅展现了中国古代音乐的精髓——古琴艺术的深邃与高雅，还蕴含了深厚的友情与文化内涵。本课通过跨学科整合，结合音乐、历史、文学等多个领域，旨在引导学生全方位理解文本，提升综合素养。

【学情分析】

六年级学生已具备一定的文言文阅读能力，掌握了基本的文言文学习方法。他们对艺术有初步了解，但往往缺乏跨学科整合的视角。同时，学生具备较高的信息化素养，能够熟练运用信息技术工具进行学习和探究。因此，本课将充分利用学生的这些特点，通过跨学科整合的方式深化他们对文本和艺术的理解。

【学习任务】

在"知音文化探索营"中，学生将结合历史与文学知识，深入理解《伯牙鼓琴》的故事内涵，体会伯牙琴艺之精妙，感受伯牙与钟子期之间的"知音"情谊。同时，通过跨学科整合，学生将进一步探索艺术与人生的深层联系，并在现代艺术工坊中展现自己的创意与理解。

【教学目标】

（1）正确、流利地朗读并背诵《伯牙鼓琴》。

（2）通过跨学科整合，梳理故事情节，讲述故事主要内容。

（3）借助语言文字展开想象，结合音乐、历史知识，体会伯牙琴艺之精妙与知音情谊之深厚。

（4）理解"知音"文化内涵，探讨艺术与人生的关系，培养跨学科整合与批判性思维能力。

【教学重点与难点】

重点：正确朗读并背诵课文，理解伯牙与钟子期的知音情谊。

难点：跨学科整合，结合音乐、历史知识，深入探讨艺术与人生的关系。

【课前任务】

（1）查找关于俞伯牙、钟子期的历史资料及古琴文化介绍。

（2）聆听古琴曲《高山流水》，初步感受其音乐魅力。

（3）预习课文，借助注释理解故事内容。

【任务实施】

板块一　启航艺术与人文之旅

师：同学们，欢迎来到"知音文化探索营"！今天，我们将踏上一场特别的旅程，一起探索《伯牙鼓琴》的奥秘。首先，让我们通过多媒体展示，了解我们的探索营地——"艺美·古琴馆""历史长廊""文学殿堂"及"现代艺术工坊"。现在，请闭上眼睛，聆听一曲《高山流水》，感受古琴曲的魅力，为我们的探索之旅拉开序幕。

（1）单元情境导入。通过多媒体展示"艺术与人文之旅"大型学习情境，激发学生兴趣。

（2）走进"艺美·古琴馆"。介绍古琴的起源、发展及其在中国文化中的地位，播放古琴曲《高山流水》，营造浓厚的学习氛围。

板块二　历史与文学的双重视角

师：现在，我们正在"历史长廊"中漫步，探索俞伯牙、钟子期的历史故事及古琴文化的起源与发展。老师想请几位小历史学家来分享他们找到的历史小故事。接下来，让我们一起朗读这篇优美的文言文，注意体会其中的韵律和节奏。读完后，我们分组来梳理一下故事的主要情节吧！

（1）了解历史背景。学生分享课前查找的关于俞伯牙、钟子期的资料，教师补充相关知识，如伯牙的"琴仙"称号、钟子期的樵夫身份等。

（2）初读课文。学生自由朗读课文，教师指导朗读技巧，注意文言文的停顿与节奏。

（3）情节梳理。小组合作，梳理故事情节，提炼小标题，如"偶遇知音""高山流水寄情思""知音难寻，琴碎心伤"。

板块三　音乐与文学的交响

师：同学们，我们已进入"文学殿堂"，下面我们要深入研读《伯牙鼓琴》，体会文言文的韵律与节奏。伯牙的琴声仿佛能描绘出一幅幅动人的画面，同学们，你们能想象出高山流水的景象吗？让我们用文字来描绘这些画面吧。同时，我们也来思考一下，《高山流水》这首曲子与课文中的情感是如何相互呼应的。

（1）聚焦核心句。分析文中表现伯牙琴艺高超与钟子期鉴赏力高的句子，如"巍巍乎若太山""汤汤乎若流水"。

（2）想象画面。引导学生结合叠词使用，想象伯牙琴声所描绘的景象，进行口头描述或书面创作，展现琴声中的高山流水之美。

（3）跨学科整合。结合音乐知识，分析《高山流水》的音乐特点，如旋律的起伏、节奏的变化，探讨其与文本情感的契合度，理解音乐如何成为情感的载体。

板块四　知音情谊的深度探讨

师："知音"二字重千金，伯牙与钟子期之间的情谊让我们动容。我们已进入"艺美·古琴馆"中，结合音乐知识分析《高山流水》与文本情感的契合度，你们觉得伯牙破琴绝弦的行为值得吗？它给了我们什么启示呢？现在，让我们带着这些问题再次深入课文，感受那份深厚的知音情谊。

（1）理解"知音"。通过讨论，明确"知音"的内涵，即心灵相通、情感共鸣的朋友。阅读课后资料袋，加深理解。

(2) 批判性思维。小组合作，讨论伯牙破琴绝弦的行为是否值得，探讨艺术与人生、个人情感与社会责任之间的关系。

(3) 情感升华。全班配乐朗读课文，感受伯牙与锺子期之间深厚的知音情谊，体会情感的力量。

板块五　艺术与人生的对话

师：艺术是跨越时空的桥梁，《高山流水》这首曲子至今仍能打动人心。现在我们已进入"现代艺术工坊"，通过跨学科整合创作，展现对《伯牙鼓琴》故事及知音文化的理解与创新。想象一下，如果让你在现代社会中推广这首曲子，你会怎么做呢？最后，请大家完成两个作业：一个是写一篇关于《高山流水》的跨学科解读文章；另一个是展示本课所学内容的跨学科思维导图。期待大家的精彩作品！

(1) 联系现实。探讨《高山流水》在现代的意义，如在G20杭州峰会上的使用，理解艺术跨越国界、连接人心的力量。

(2) 作业：

①为"艺美·古琴馆"撰写一篇关于《高山流水》的跨学科解读文章，要求结合历史、音乐、文学等多个角度进行分析。

②制作一张跨学科思维导图，展示本课所学内容的内在联系，包括历史人物、古琴艺术、文学表达、音乐情感等多个方面。

设计意图：本课设计旨在通过跨学科整合的方式，引导学生从多个角度深入理解《伯牙鼓琴》这一经典文本。通过历史、音乐、文学等学科的融合教学，不仅培养了学生的综合素养，还提升了他们的批判性思维与跨学科整合能力。同时，通过情境创设与任务驱动，激发学生的学习兴趣与探究欲望，使他们在艺术与人文的海洋中自由遨游，感受文化的魅力与人生的真谛。

附2　教学设计：《京剧趣谈》

一、情境任务框架

单元主题：穿越艺术长廊，探寻京剧韵味。

(1) 情境设定：在"艺术与人文之旅"的大型学习情境中，学生将踏入一座虚拟的"京剧艺术馆"，这里不仅有绚丽的戏服、精致的道具，还有生动的表演片段和深邃的历史长廊。学生们将化身为"小小京剧探索家"，通过跨学科整合的方式，深入挖掘京剧艺术的魅力，体验从文字到舞台、从历史到现代的全方位探索之旅。

(2) 情境任务：走进京剧艺术馆。激发学生对京剧艺术的兴趣，初步了解京剧的基本知识与特点。

活动安排：观看京剧表演视频，引导学生辨别表演类型，激发探索欲望；介绍"京剧艺术馆"的各个展区，明确探索任务。

①探索一：历史长廊的回响。

任务目标：了解京剧的起源、发展及其在中国文化中的地位。

活动安排：教师引导："同学们，让我们先走进历史长廊，聆听京剧那跨越百年的回响。你们知道吗？京剧不仅仅是舞台上的表演，它更是一部活生生的历史书。"

学生分组查阅京剧历史资料，制作时间线或思维导图，展示京剧的发展历程。

②探索二：道具与服饰的奥秘。

任务目标：理解京剧道具与服饰的独特之处，体会其艺术价值。

活动安排：教师展示京剧道具实物（如马鞭）："看，这不仅仅是一根鞭子，它是京剧舞台上奔腾不息的马群，是演员们无限创意的结晶。"

学生阅读《马鞭》一文，结合美术视角分析道具的虚实相生之美；分组讨论并设计一款虚拟京剧道具进行创意展示。

③探索三：舞台上的动静之间。

任务目标：了解京剧动作与亮相的特点，感受其节奏与韵律。

活动安排：教师播放京剧亮相片段："看，这静止的一刻，却蕴含着无限的张力与故事。这就是京剧的魅力所在。"

学生细读《亮相》，找出静态亮相与动态亮相的描写，结合音乐节奏进行模仿表演；小组讨论"亮相"动作背后的文化寓意。

（3）总结：传承与创新——我们的京剧梦。

任务目标：总结探索成果，思考如何传承与发扬京剧艺术。

活动安排：学生分组展示探索成果，包括历史时间线、道具设计图、亮相表演等。

教师引导："同学们，通过今天的探索，我们不仅了解了京剧的过去与现在，也要思考它的未来。作为新时代的少年，你们能为京剧的传承做些什么呢？"

学生撰写传承京剧的小论文或创意提案，提出自己的见解与行动方案。

二、教学设计

（以"探索二：道具与服饰的奥秘"为例）

活动一：实物展示与引导

教师引导："同学们，请看这根不起眼的马鞭，它虽非真马，却能在舞台上驰骋千里。这，就是京剧道具的魅力所在。接下来，让我们一起走进《马鞭》，感受那份以小见大的智慧。"

活动二：文本阅读与分析

教师引导："请大家翻开课本，轻声朗读《马鞭》第一自然段，边读边思考：

马鞭是如何产生的？它有什么作用？请在文中找出关键句并做好标注。

师："现在，请在小组内交流一下，分享你的发现。注意，要用自己的语言来说，尽量生动形象地描述马鞭的魅力。"

活动三：美术视角分析

教师引导："同学们，从美术的角度来看，京剧道具的设计充满了巧思。比如这马鞭，它的线条、色彩、材质都服务于舞台表演的需要。你们能从中发现哪些美术元素呢？"

学生活动：分组讨论，从形状、颜色、质感等方面分析马鞭的美术设计，并尝试绘制草图或模型。

活动四：虚拟道具设计

教师引导："现在，让我们发挥创意，设计一款属于自己的京剧虚拟道具。注意，它不仅要符合京剧的表演需要，还要体现出你的独特见解和审美情趣。"

学生创作：学生个人或小组合作设计虚拟道具，并准备简短的设计说明。

活动五：创意展示与评价

展示环节：学生轮流上台展示自己设计的虚拟道具及设计说明，其他同学认真聆听并给予正面反馈。

教师点评："同学们的创意真是让人眼前一亮！每一件作品都蕴含着你们对京剧艺术的深刻理解与热爱。希望你们能继续保持这份热情，为京剧的传承与发展贡献自己的力量。"

【教材分析】

统编教材义务教育教科书小学语文六年级上册中《京剧趣谈》。《京剧趣谈》作为第七单元的一篇略读课文，紧扣"艺术之美"的主题，通过《马鞭》和《亮相》两篇短文，生动介绍了京剧表演中道具与动作的独特魅力。这篇课文不仅展现了京剧艺术的深厚底蕴，还通过简洁明快的语言引导学生展开想象，体会艺术之美的多维展现。本课旨在通过跨学科整合，结合历史、美术、音乐等多学科视角，深化学生对京剧艺术的理解与欣赏。

【学情分析】

六年级学生已具备一定的独立阅读能力，能够把握文章主要内容，并具备一定的阅读策略。在前两课的学习中，学生已掌握了"借助语言文字展开想象"的方法，对艺术之美有了初步感知。然而，学生对京剧这一传统艺术形式了解有限，需通过跨学科整合的方式，拓展其认知边界，激发学习兴趣。

【教学目标】

（1）正确认读并识记"驰骋、尴尬、彻底、戛然而止"等词语；默读课文，把握文章主要内容。

(2) 通过跨学科整合，结合历史、美术、音乐等学科知识，边读边想象，了解京剧道具与动作的特点，感受京剧的艺术魅力。

(3) 培养学生对中国传统文化的兴趣与尊重，增强文化自信。

【教学重点与难点】

重点：默读课文，把握文章主要内容。

难点：跨学科整合，理解京剧道具与动作的特点，感受京剧的艺术魅力。

【教学准备】

京剧表演视频片段。

PPT课件（包含京剧图片、历史背景介绍、美术构图分析、音乐节奏解析等）

京剧道具实物或模型（如马鞭）。

【教学过程】

板块一　情境导入，激发兴趣

视频展示：教师播放一段京剧表演视频《穆桂英挂帅》中的经典片段。

师："同学们，接下来我们将通过一段视频，穿越时空，走进一个充满魅力的艺术世界。"

引导：在视频播放过程中，教师适时暂停，引导学生仔细观察演员的表情、动作、服饰及使用的道具，如华丽的戏服、精致的头饰，以及具有象征意义的马鞭等。

提问："你们注意到了什么特别之处？演员们的服饰和道具给你们带来了怎样的感受？"

初步讨论：视频播放结束后，组织学生进行小组讨论，分享各自的观察感受。随后，全班交流，引导学生归纳出京剧的一些独特之处，如服饰华丽、动作夸张、道具富有象征意义等。

基于学生的讨论结果，教师顺势引出课题"京剧趣谈"："看来，大家对京剧已经有了初步的认识和兴趣。今天，我们将一起深入探索京剧的奥秘，感受京剧的独特魅力。"

板块二　明确目标，任务驱动

出示学习目标：PPT上展示本课的学习目标。

默读指导：教师指导学生以默读的方式自主阅读课文，同时提醒学生注意结合课文前的导读提示进行阅读。为了帮助学生集中注意力，教师可以设定一个合理的默读时间限制。

自主梳理：默读结束后，教师引导学生尝试用自己的话概括课文的主要内容。可以先让学生独立思考，然后在小组内交流分享，最后每组派代表向全班汇报。

板块三 跨学科整合，深入探究

1. 历史视角

背景介绍：

"同学们，今天，让我们一同穿越时空的长廊，去探索一项璀璨夺目的文化瑰宝——京剧。想象一下，在那个风雨飘摇的年代，戏曲艺术如同百花争艳，竞相绽放，而京剧，正是在这片肥沃的文化土壤中悄然萌芽，茁壮成长。

京剧的起源可以追溯到清乾隆年间，那时的徽班进京，如同一股清新的风，吹进了京城的每一个角落。他们带来了南方的细腻与柔美，与北方的粗犷与豪放相融合，经过无数艺人的不懈努力与创新，逐渐形成了我们今天所看到的京剧艺术。它不仅融合了唱、念、做、打等多种表演形式，还吸收了文学、音乐、舞蹈、美术等各个领域的精华，成为一种集大成者的艺术形式。

在中国文化的浩瀚星空中，京剧无疑是一颗璀璨的明珠。它不仅是中国传统戏曲的代表，更是中华民族传统文化的重要组成部分。它的每一个动作、每一句唱腔，都蕴含着深厚的文化底蕴和丰富的情感表达。通过京剧，我们可以感受到古人的智慧与才情，体会到中华文化的博大精深。

更值得一提的是，京剧不仅仅是一种艺术形式，它还承载着传承与教育的功能。在漫长的历史长河中，京剧通过其独特的魅力，将许多历史故事、道德观念、人生哲理传递给了一代又一代的中国人。它教会我们忠诚与勇敢、善良与宽容，让我们在欣赏艺术的同时，也能得到心灵的滋养与启迪。

因此，当我们谈及京剧时，我们不仅仅是在谈论一种艺术形式，更是在谈论一种文化、一种精神、一种传承。作为新时代的青少年，我们有责任也有使命去了解和传承这份宝贵的文化遗产。让我们一起走进京剧的世界，去感受它的智慧与魅力吧！"

小组讨论：分组讨论"京剧是如何在历史长河中形成并发展壮大的？"鼓励学生结合课前收集的资料和课文内容进行深入探讨。

全班分享：各组选派代表分享小组讨论成果，教师适时点评和补充。

2. 美术视角

实物展示：教师展示京剧道具实物或模型（如马鞭），引导学生近距离观察其材质、造型和细节设计。

文本分析：带领学生一起分析《马鞭》一文，结合美术构图原理探讨京剧道具的艺术特色。

创意设计：鼓励学生发挥想象力，尝试设计一款具有京剧特色的虚拟道具，并口头或书面阐述其设计理念和用途。

3. 音乐视角

音乐体验："现在，请大家闭上眼睛，让心灵沉浸在接下来的音乐之中。我将为大家播放一段京剧《贵妃醉酒》中的经典唱腔——'海岛冰轮初转腾'。请仔细聆听那悠扬的曲调，感受京剧唱腔的独特魅力，体会其中蕴含的音乐节奏与韵律。"（师指导）

文本结合：结合《亮相》一文，分析静态亮相与动态亮相时音乐的变化与配合，探讨音乐在京剧表演中的作用。

实践模仿：分组进行京剧亮相动作的模仿练习，并尝试配以简单的京剧锣鼓节奏。教师可以先示范动作和节奏，然后让学生分组练习并展示。

板块四　总结提升，文化传承

知识梳理：引导学生回顾本课所学内容，总结京剧道具与动作的特点及其艺术魅力。可以采用思维导图或概念图的形式进行整理。

文化传承讨论：组织全班讨论"作为新时代的青少年，我们应如何传承和发扬京剧这一传统文化？"鼓励学生从个人兴趣、学校教育、社会宣传等多个角度提出见解和建议。

作业布置：请同学们查找更多关于京剧的资料，结合历史、美术、音乐等多学科知识，制作一份关于京剧的跨学科研究报告或手抄报。在作品中展现创意和思考。

设计意图：旨在通过多元化的教学活动，引导学生全面而深入地了解京剧这一中华文化的瑰宝，同时培养学生的综合素养、创新思维和跨学科学习能力。①激发兴趣，培养审美情趣。通过播放京剧表演视频作为导入，迅速吸引学生的注意力，激发学生对京剧艺术的兴趣。视频中的精美服饰、夸张动作和独特唱腔能够让学生初步感受到京剧的艺术魅力，进而培养其审美情趣和对优秀传统文化的热爱。②明确目标，任务驱动学习。通过清晰的学习目标设定，让学生明确本节课的学习方向和重点。同时，采用任务驱动的方式，引导学生自主阅读、梳理课文内容，培养其自主学习能力和信息处理能力。③跨学科整合，拓宽学习视野。本节课特别注重跨学科整合，将历史、美术、音乐等多学科知识融入京剧艺术的学习中。通过历史视角了解京剧的起源与发展，通过美术视角分析京剧道具的艺术特色，通过音乐视角感受京剧唱腔的节奏与韵律。这种跨学科的学习方式，不仅拓宽了学生的知识视野，还促进了知识的融会贯通和综合运用。④实践操作，培养创新能力。在设计虚拟道具、模仿京剧亮相动作等实践活动中，鼓励学生发挥想象力和创造力，将所学知识应用于实际操作中。这些活动不仅加深了学生对京剧艺术的理解，还培养了他们的动手能力和创新思维。⑤文化传承，增强文化自信。通过总结和讨论交流环节，引导学生认识到京剧艺术在中国文化中的地位和影响，激发他们对传统优秀文化的自豪感和尊重之情；同时，鼓励他们思考如何传承和发扬京剧文化。

第八章　小初衔接习作教学范式

一、生活化写作

在"素养导向下基于小初衔接的语文深度阅读教学研究"的指导下，本案例聚焦于如何通过深度挖掘生活素材，结合有效的教学策略，培养学生的真实表达与深度写作能力，为一线教师提供具体、可操作的指导方案。

1. 教学目标

情感共鸣：引导学生深入观察生活，感受日常中的点滴情感与价值，激发写作兴趣。

观察力培养：训练学生敏锐的观察力，学会从不同角度捕捉生活细节，积累丰富素材。

真实表达：鼓励学生以真诚的态度表达个人见解与情感体验，提升文字的说服力与感染力。

思维提升：在分析生活现象时融入批判性思维，培养独立思考能力。

2. 教学内容与方法

（1）生活观察工作坊

①启动阶段：可以设计"生活观察日记"任务，要求学生每天记录至少一个生活片段，注重细节描述与情感捕捉。这种任务有助于学生将注意力从书本转向日常生活，发现平凡中的不平凡。

②指导策略：为了帮助学生更有效地观察，教师可以提供观察框架，如五感体验（看、听、闻、尝、触）、情感变化、环境氛围等，帮助学生系统化地记录生活细节。

（2）情感共鸣分享会

①组织形式：小组内轮流分享观察日记，鼓励成员互相提问与反馈，促进情感共鸣与思维碰撞。通过分享与交流，学生能够感受到他人的情感世界，拓宽自己的视野和思路，同时加深对生活现象的理解和感悟。

②引导技巧：教师适时引导，如通过"假如你是当事人，你会怎么想"等问题，深化情感理解与表达。

（3）写作技巧训练营

①专题工作坊：针对观察日记中的亮点与不足，开设"生动描绘""情感渲染""逻辑构建"等专题工作坊。通过专题训练，学生能够系统地学习和掌握写作技巧，提升文字表达的能力。

②实例分析：选取学生佳作或经典范文，分析其成功之处，如何巧妙运用比喻、拟人等修辞手法增强表达效果。通过实例分析，学生能够直观地感受到优秀作品的魅力所在，从而激发自己的创作灵感和动力。

（4）深度写作实践

①主题设定：结合学生兴趣与社会热点，设定如"我家的传统节日""一次难忘的社会实践"等写作主题。使写作更加贴近学生的生活实际和兴趣所在，激发其创作热情和积极性。

②多文体尝试：鼓励学生根据个人特长与观察所得，选择写景文、记事文、写人文、想象文等不同文体进行创作。通过多文体尝试，学生能够更加全面地掌握不同文体的特点和写作要求，提升综合素养和写作能力。

（5）作品展示与多元评价

①线上展示平台：利用学校网站或班级微信群建立作品展示平台，让每位学生的作品都能被看见。

②多元评价体系：建立自我评价、同伴互评、教师点评的三维评价体系，特别重视过程性评价，关注学生在观察、思考、表达等方面的成长。通过多元评价，学生能够更加客观地认识自己的优点和不足，明确努力方向；同时，同伴间的相互评价也有助于激发学生的竞争意识和合作意识。

3. 评价与反馈机制

即时反馈：利用课堂时间对学生的观察记录或初稿进行即时点评，及时纠正偏差，鼓励其创新。

个性化指导：针对每位学生的不同情况，提供个性化的写作建议与修改方向。

成长档案袋：建立学生写作成长档案袋，记录每次写作任务的完成情况与反馈，作为期末评价的重要依据。

4. 教学反思与优化

定期反思会议：每月或每学期末组织教师团队进行教学反思，分享成功案例与挑战，共同探讨解决方案。

学生反馈收集：通过问卷调查、访谈等形式收集学生对教学活动的反馈，确保教学内容与方法符合学生需求。

持续优化策略：根据反思结果与学生反馈，不断调整优化教学策略，确保生活化写作教学活动始终保持活力与有效性。

附 教学设计：《让真情自然流露》

【课标分析】

1. 课标摘录

本课定位为习作指导课，《义务教育语文课程标准（2022年版）》中针对本节课的相关要求如下：
- 懂得写作是为了自我表达和与人交流。
- 养成留心观察周围事物的习惯，有意识地丰富自己的见闻，重视个人的独特感受，积累习作素材。
- 能写简单的纪实作文，内容具体，感情真实。

2. 课标分解

习作围绕"让真情自然流露"，旨在引导学生写一件印象深刻的事，真实自然地抒发自己的情感。通过教材提供的表达情感体验的词语，激活学生的情感体验，打开习作思路。习作指导强调将印象深刻的内容写具体，并通过多种方式表达真实情感。

【教材分析】

习作题目"让真情自然流露"，要求学生选择一件印象深刻的事，运用多种方法将内容写具体，并自然表达真实情感。教材通过提供表达情感的词语和写作指导，帮助学生激活情感体验，清晰写作思路。本次习作特别强调情感表达的自然与真实，要求学生在表达过程中综合运用各种方法，使情感流露更为自然。

【学情分析】

1. 学习基础点

学生已经能够熟练掌握写一件具体事情的基本方法，能够清晰叙述事情的发展过程。

学生已学会运用细节描写来表现人物情感，并能将自身情感融入人、事、物中。

2. 学习障碍点

学生在表达真实情感时，往往忽视了生活中的细节，难以捕捉到生活中真实的情感瞬间，导致文章显得枯燥乏味。

3. 学习生长点

通过观察生活细节，捕捉真实情感，学会以具体事例为载体，自然流露真实情感。

【学习目标】

（1）能够从日常生活中选取合适的内容，表达真情实感。

（2）能够使用多种方法将印象深刻的内容写具体，使情感表达更为自然和丰富。

（3）综合运用直接抒情、寓情于景（事、人）、细节描写等方法，真实自然地表达情感。

【评估任务】

（1）通过观察日记和课前预学任务，评估学生是否能够从日常生活中捕捉细节，积累真实素材。

（2）通过课堂习作练习和同伴互评，评估学生是否能够将印象深刻的内容写具体，并自然表达真实情感。

（3）通过课后作业和作品展示，综合评估学生综合运用多种方法表达情感的能力。

【教学过程】

1. 谈话导入，明确任务

（1）展示情境，激发兴趣。

教师以亲切的语气开场："同学们，今天我们先来看几幅生活中的真实场景图片及短视频，这些场景记录了人们喜怒哀乐的各种情感。请大家仔细观察，看看能不能勾起你们自己的某段难忘的经历呢？"

学生1：我看到那张一家人围坐在一起吃年夜饭的图片，就想起去年春节我们全家一起包饺子的情景，特别温馨。

学生2：那个孩子哭鼻子的视频让我想起了上次考试没考好，被妈妈批评后大哭的场景。

（2）明确习作任务。

师：看了这些图片和视频，大家有没有想起自己生活中那些印象深刻的事情？今天，我们的习作任务就是选取类似这样的一件事，用文字把当时的情景和你的真实感受生动地写出来。

（3）指导审题，确定标准。

教师呈现习作要求，引导学生一起提炼关键词："首先，我们要明确这次习作的几个要点。大家一起来找一找，这次习作的重点是什么？"

学生1：选择合适的内容。

学生2：写具体，不能模模糊糊。

学生3：还要表达出自己的真实情感。

（教师总结并强调这三个关键词）

师："对，就是'选择合适的内容''写具体'和'表达真实情感'。记住这三个关键词，我们的习作就有了方向。"

（4）网络问卷分析，点评选材。

师："课前，我们通过网络问卷收集了大家的情感分布和初步选材情况。现在，我们来看看环形色相图和词云图，分析一下大家的选材是否合适，是否丰富多样。"（展示图片并点评）

2. 交流预学，指导选材

（1）打开真情话匣。

师："老师先来讲讲自己的一段亲身经历吧……（分享后）现在，轮到你们了。请大家闭上眼睛,回想一下最近有没有让你印象特别深刻的事情,然后用一句话把它和你的真实感受说出来。"

学生1:我记得上周体育课跑步比赛时,我摔倒了,但还是坚持爬起来冲过了终点线,那一刻我觉得自己好勇敢!

学生2:上周五放学后,我帮妈妈做家务,虽然很累,但看到妈妈开心的样子,我觉得很满足。

(2)多角度选材指导。

师:"很好,大家都很有感触。但选材不仅要有感触,还要多角度思考。我们可以从家庭生活、学校生活、社会见闻等方面去寻找。记住,即使是平凡的小事,只要情感真挚,也能成为好文章。"(展示优秀选材和不当选材案例,进行对比分析)

3. 方法指导,技巧提升

(1)观察与记录。

师:"要写出真实感人的文章,离不开细致的观察。我们要学会用眼睛看、用耳朵听、用鼻子闻、用嘴巴尝、用手触摸,还要用心去感受。接下来,我们将开始一项特别的任务——'一周情感观察日记',每天记录一个情感片段。"

学生互动:学生开始讨论如何记录情感观察日记,有的表示要详细写下每天的感受,有的计划用图画辅助表达。

(2)写作技巧深化。

师:"有了素材还不够,我们还需要掌握一些写作技巧。今天,我们开设几个专题工作坊,分别讲解'生动描绘''情感渲染'和'逻辑构建'。现在,我们来看这篇范文,一起找找它的亮点在哪里,又有哪些地方可以改进。"(分析范文,激发学生创作灵感)

学生1:我觉得这篇文章的比喻用得特别好,把快乐的感觉比作温暖的阳光。

学生2:我觉得结尾部分如果能再加一些自己的感悟就更好了。

(3)情景模拟与情感共鸣。

师:"接下来,我们进入情景模拟环节。请大家分组围坐,轮流分享你的观察日记。听的时候,要用心去感受对方的情感,也可以提出问题或给出建议。"(教师适时引导,促进学生情感共鸣与思维碰撞)

学生互动:学生在小组内轮流分享自己的观察日记,其他同学认真倾听,不时点头表示赞同或提出自己的看法。

4. 习作练习,互评反馈

(1)课堂习作练习。

师:"现在,请大家根据今天学到的方法和技巧,选取一件印象深刻的事,开始写作。记住,要写出真实感受。"

（学生开始写作，教师巡视指导，即时反馈）

（2）同伴互评与反馈。

师："时间到，请大家停下笔，我们先来进行同学之间互评。互评时，可以从选材是否合适、内容是否具体、情感是否真实等方面给予反馈。"（学生互评后，教师总结点评，提出个性化改进建议）

学生互评示例：

学生2对学生1的作品评价：我觉得你的选材很好，写了你和奶奶一起包粽子的故事，很感人。但是，我觉得你可以再多一点细节描写，比如粽子的香味、奶奶的笑容等。

5. 作品展示与多元评价

（1）作品展示。

师："最后，让我们来欣赏几位同学的优秀作品。这些作品将被展示在班级平台上，让每个人都能看到你的努力和才华。"（展示优秀作品，鼓励学生分享写作心得）

学生分享：我写了我第一次学骑自行车的故事，虽然过程中摔了很多次，但最后成功的那一刻真的很开心。我希望大家也能勇敢地面对困难，不放弃。

（2）多元评价体系。

师："为了更全面地评价大家的习作，我们建立了自我评价、同伴互评和教师点评的三维评价体系。请大家根据评价量表，对自己的习作进行打分，并思考如何在下次习作中做得更好。"（分发评价量表，指导学生进行评价，学生根据评价量表进行自我评估，并思考改进方向）

【作业布置】

让每位同学根据课堂上共同制定的评价标准，以及同伴互评和教师点评的反馈，对自己的课堂习作进行细致修改。重点修改部分应包括选材的合理性、内容的具体性、情感的真实性以及语言的流畅性等方面。

二、创意写作

创意写作不仅是培养学生创新思维和想象力的有效手段，也是促进小初衔接阶段学生语文素养全面提升的有效方式。本案例框架将结合理论与实践，探讨如何通过创意写作活动激发学生的想象力，并提升其写作水平，为一线教学提供具体、细化的指导策略。

1. 教学目标

激发创新思维与想象力：通过创意写作活动，引导学生突破常规思维框架，激发其内在的创造力和想象力。

培养创意表达能力：鼓励学生在写作中自由表达，运用丰富的语言、生动的形象和巧妙的构思，创作出具有个人风格的独特作品。

增强写作兴趣与乐趣：让学生在创意写作的过程中感受到写作的乐趣，从而培养其持续写作的习惯和兴趣。

2. 教学内容与方法

（1）理论基础与情境创设

依据《义务教育语文课程标准（2022年版）》中关于"核心素养"和"情境性教学"的理念，创意写作活动应紧密围绕核心素养的培养目标，通过创设贴近学生生活实际或富有想象力的学习情境，激发学生的学习兴趣和创造力。

教师可根据小初衔接阶段学生的心理特点和认知水平，创设富有想象力的情境，如"未来世界探索""奇幻王国历险记"等，引导学生在这些情境中展开创意写作。

（2）创意启发与任务布置

采用故事讲述、图片展示、视频引导等多种方式，为学生提供丰富的创意素材和灵感来源。例如，选取经典科幻小说片段，引导学生分析其创意点和想象力元素；或展示一幅充满想象力的画作，让学生想象其背后的故事。

设计具有开放性和挑战性的创意写作任务，如"假如我有超能力""未来城市的一天"等。鼓励学生根据任务要求，结合个人兴趣和想象力自由创作。

（3）小组讨论与分享

学生完成初稿后，教师组织小组讨论活动。鼓励学生在小组内分享自己的创意构思、写作难点和解决方法，通过同伴交流相互启发、共同进步。

在讨论过程中，教师应发挥引导作用，适时提出问题和建议，促进学生深入思考和完善作品。同时，关注学生的参与度和互动情况，确保每位学生都能积极参与并有所收获。

（4）作品展示与评选

利用班级展示板、学校网站、微信公众号等展示平台展示学生作品，扩大作品的受众范围和影响力。

举办班级或校级的创意写作比赛、展览等活动，通过专家评审、学生投票等方式评选出优秀作品并给予奖励，以此激发学生的写作热情和创意潜能。

3. 教学评价与反馈

过程性评价：关注学生在创意写作过程中的表现，如创意的产生过程、小组讨论中的贡献度、修改和完善作品的态度等。通过课堂观察、小组讨论记录等方式收集评价数据。

结果性评价：对学生的最终作品进行综合评价，重点关注作品的创意性、情节构思、语言表达等方面。可采用量化评分与质性描述相结合的方式进行评价。

及时反馈与指导：教师应及时给予学生个性化的反馈和指导，肯定其优点和进步，指出其不足并提出改进建议。鼓励学生持续努力提升写作能力并保持对创意写作的热情。

4. 教学反思与总结

反思创意启发效果：评估创意启发方式是否有效激发了学生的想象力？是否需要调整启发内容或方式以增强效果？

分析小组的讨论质量：总结学生在小组讨论中的互动和合作情况，思考如何进一步优化小组讨论环节以促进更深层次的交流与合作。

提升指导与反馈质量：反思教师的指导方法和点评质量是否满足学生需求？是否需要加强针对性指导或引入更多元的评价主体以提升反馈效果？

优化展示与评选机制：根据作品展示和评选活动的反馈结果，思考如何进一步丰富展示平台、完善评选机制以更好地激发学生的写作热情和创意潜能。

通过持续的反思与总结，教师可以不断优化创意写作教学策略和方法，为学生在小初衔接阶段语文素养的全面提升提供更加有力的支持。

附 教学设计：《笔尖流出的故事》

【教材分析】

"笔尖流出的故事"是统编版小学《语文》六年级上册第四单元的核心习作内容，旨在培养学生的想象力与创造性思维，引导学生通过创编生活故事来实践语言文字的运用能力。这一习作设计紧密契合《义务教育语文课程标准（2022年版）》中关于"语言文字运用"及"核心素养培养"的理念，强调学生在真实的语言运用情境中提升语文能力。

本次习作编排精妙地分为四个部分，充分体现了新课标所倡导的情境性、实践性及整合性特点：

习作前的回顾与导入：通过回顾本单元的三篇课文，学生不仅加深了对小说文体特征的理解——"小说源于生活而又高于生活"（引自《义务教育语文课程标准（2022年版）》），还学会了如何将生活中的素材经过合理想象加工成引人入胜的故事。这一过程自然衔接了从阅读到写作的过渡，引导学生在具体的文本情境中汲取灵感。

习作内容的选择与拓展：教材精心设计了三组富有生活气息的环境和人物形象，鼓励学生基于这些熟悉的生活场景和鲜活的少年形象展开想象，创编自己的故事。这些设计不仅贴近学生的生活实际，还激发了他们的创造欲和表达欲，体现了新课标中关于"增强课程内容的情境性与实践性"的要求。

明确的习作要求与指导：习作部分明确提出了两个核心要求，一是围绕主要人物构思故事情节，二是确保故事情节完整且吸引人。这两个要求旨在培养学生的情节构建能力和叙述技巧，同时鼓励学生尝试运用环境描写和人物心理活动来丰富人物形象，进一步体现语文核心素养中的"语言运用"与"思维能力"。

习作后的交流与反馈：通过习作后的交流活动，学生不仅有机会分享自己的作品，还能在相互评价中汲取他人的优点，反思自身的不足。这一环节强化了学习共同体的作用，促进了学生之间的相互学习和共同进步，体现了新课标中关于"多元主体参与评价"的理念。

综上所述，"笔尖流出的故事"这一习作设计，不仅是对学生语言文字运用能力的一次全面锻炼，更是对新课标精神的一次生动实践，通过情境化、实践性的任务设计，有效促进了学生语文核心素养的全面发展。

【习作学习目标】

（1）借助表格，展开想象：学生能够利用表格工具，根据给定的环境和任务，系统地展开想象，构建完整的故事大纲。

（2）围绕主要人物展开丰富想象：学生能够在主要人物设定基础上，通过丰富的想象力创编出具有情节性和吸引力的生活故事。

（3）完整叙事与情节吸引力：学生能够将故事叙述完整，设计吸引人的情节，同时尝试描绘故事发生的环境和细腻刻画人物心理变化。

（4）标准评改与反思提升：通过学习评价标准，学生能够对自己的习作进行自我反思，并通过比较学会根据标准评改习作，进一步提升写作能力。

【单元学习情境】

基于本单元的学习任务，我们组织了"名家进校园，教我这样读小说"的情境活动。在活动中，学生与文学名家面对面交流，聆听他们分享创作经验，感悟名家笔下鲜活生动的人物塑造方法，进而学习小说写作的要诀，并激励自己尝试进行小说创作。这样的情境不仅丰富了学生的学习体验，还为他们提供了直接的学习榜样和创作灵感。

【学情分析】

1. 学习基础点

六年级学生已经积累了一定的写作基础，对人物描写有了初步的方法和技巧，能够简单描述人物特征和行为。

2. 学习障碍点

学生们在将情节写得更加生动、吸引人方面仍显不足，尤其是在围绕主要人物展开丰富想象、创编完整且富有吸引力的生活故事，以及细腻描绘环境和人物心理方面存在挑战。

3. 学习生长点

针对以上障碍，我们将以名家作品为引领，结合教材中的典型范例，如《桥》《穷人》和《金色的鱼钩》等节选片段，引导学生深入学习和模仿。通过实践活动，帮助学生理清故事情节，学习如何适当添加环境描写，并尝试捕捉和表达人物的内心活动，从而提升其整体写作能力。

【实践活动】

活动1　创设情境，读懂要求

活动提示：引导学生研读习作要求，明确写好故事的基本三要素（人物、情节、环境），为后续创作奠定基础。

活动2　确定主角，明确中心

活动提示：结合名家讲座内容，引导学生选择一个鲜明的主角，并根据名家建议明确习作的中心思想，为故事创作指明方向。

活动3　丰富框架，完善故事

活动提示：指导学生利用表格等工具，结合从名家那里学到的智慧，进一步丰富故事框架，完成详细的故事大纲，确保情节连贯、吸引人。

活动4　自我评价，名家点评

活动提示：鼓励学生进行自我评价，发现自己的优点与不足。随后，通过模拟名家点评的方式，提供具体反馈，帮助学生解答疑惑，提升习作质量。

活动5　合作修改，佳作推选

活动提示：组织学生进行自我修改与小组合作修改相结合的模式，互相提出修改建议，共同提升。最后，通过班级或小组内的展示和评选，推选出优秀佳作进行展示并表彰。

【教学过程】

板块一　创设情境，读懂要求

1. 情境导入

师："同学们，今天我们有幸邀请了几位名作家进校园，教同学们学习小说的写作。首先由我来介绍"今天到场"的几位名作家，他们分别是俄国的大文豪列夫·托尔斯泰先生，我国的知名作家谈歌、杨旭先生。让我们以热烈的掌声欢迎他们的到来。"

"为了让此次活动呈现出更多精彩，我们本次活动将分为两个环节展开：一是由名作家为我们进行专场讲座；二是互动环节，由各位名作家亲临指导，对同学们的创作进行点评并答疑解惑。"

"最后，我校图书馆也将针对本次活动举行原创故事排行榜的评选活动，希望同学们认真学习，创作属于自己的精彩故事，争取让我们的原创故事榜上有名。"

2. 板书课题

名家进校园，教我这样读小说——笔尖流出的故事

3. 出示习作素材与要求，提取关键信息

4. 板书

小说

虚构的故事——生活的影子

设计意图：任务驱动，激发兴趣。以"原创故事排行榜"的任务为驱动，将写故事与学生的校园生活相联系，激发了学生参与的积极性，引发了学生的写作期待。原本枯燥的写作要求变成了"评选要求"，也让学生们更乐意接受。大家在一起解读了"评选要求"的过程中，大致理清写好一个故事需要具备的三大要素，明白写故事就是用好三大要素虚构一个以生活为蓝本的故事。帮助学生在大脑中初步勾勒出一个故事的雏形，降低写作难度，让学生不畏惧写故事。

板块二　确定主角，明确中心

1. 修改或完善自己的故事情节梳理表

材料	环境	人物关系	主要人物	人物形象	想象故事情节
第一组	春日校园	师生三人			①因淘气而引发矛盾 ②因误会而引发矛盾 ③……
第二组	冬日街头	少年与志愿者			①救助流浪狗 ②帮助路上的困难者 ③……
第三组	月下村庄	兄弟			①共同完成一件事情 ②讲述各自生活趣事 ③……
第四组	……				

2. 谁是主角？

老师扮演主讲人"杨旭"。

师：同学们，大家好！提前看了大家在课前完成的故事情节梳理表格，发现同学们在构思故事时，思路清晰，想象丰富，潜力无限。今天，我主要与大家分享的是关于故事中"谁是主角"这个话题，希望对同学们的写作有所帮助。首先，理清这个问题的关键在于我们要明白，你的故事主要塑造的是哪个人物，你想塑造一个怎样的形象。

接下来我就以自己和几位作家的作品为例来和大家进行分享。出示表格，进行分析。

篇目	主要人物	主角	人物形象	塑造人物的主要方法
《金色的鱼钩》	老班长、我、两个小同志			
《桥》	老汉、群众、小伙子、老太太			
《穷人》	桑娜、渔夫、邻居西蒙			

3. 根据表格内容修改主角信息

篇目	主要人物	主角	人物形象	塑造人物的主要方法
《金色的鱼钩》	老班长、两个小同志、我	老班长	关心热爱战士、尽职尽责、舍己为人、坚强乐观、忠于革命	1. 刻画人物的动作、语言、神态 2. 环境对人物的烘托作用
《桥》	老汉、群众、小伙子、老太太	老汉	大义凛然、不徇私情、舍己救人、无私无畏、英勇献身的共产党员	1. 刻画人物的动作、语言、神态 2. 环境对人物的烘托作用
《穷人》	桑娜、渔夫、邻居西蒙	桑娜夫妇	勤劳、宁可自己受苦也要帮助别人的纯朴善良和乐于助人的高尚品质	1. 刻画人物的心理、语言、神态 2. 环境对人物的烘托作用

师：请同学们结合我刚才所讲与自己的理解，对你的故事主角再次进行思考，并对表格中关于主角的具体内容进行完善。

设计意图：本堂课着眼学生基础，从学情出发。先让学生自己写故事的大纲，在思考中获得初步感悟。然后再邀请名家进行有针对性讲解，让学生们在比较和反思中理清写作的思路，并逐步提升学生写作构思的能力。

板块三　丰富框架，完善故事

1. 完成自己的故事图谱

题目		内容
主要人物		
环境特点		
故事情节	开端	
	发展	
	高潮	
	结局	

2. 讲座"写作与画图"

老师扮演主讲人"谈歌"。

师：刚才，杨旭老师已经教给了大家如何确定小说中的主要人物以及如何把主要人物塑造好这一妙招。那今天我要和大家分享的是把写作和图画或表格联系起来，让写作变得容易一点，清晰一点。今天，我结合我的作品《桥》，给大家带来了两样东西。

（1）《桥》思维导图。

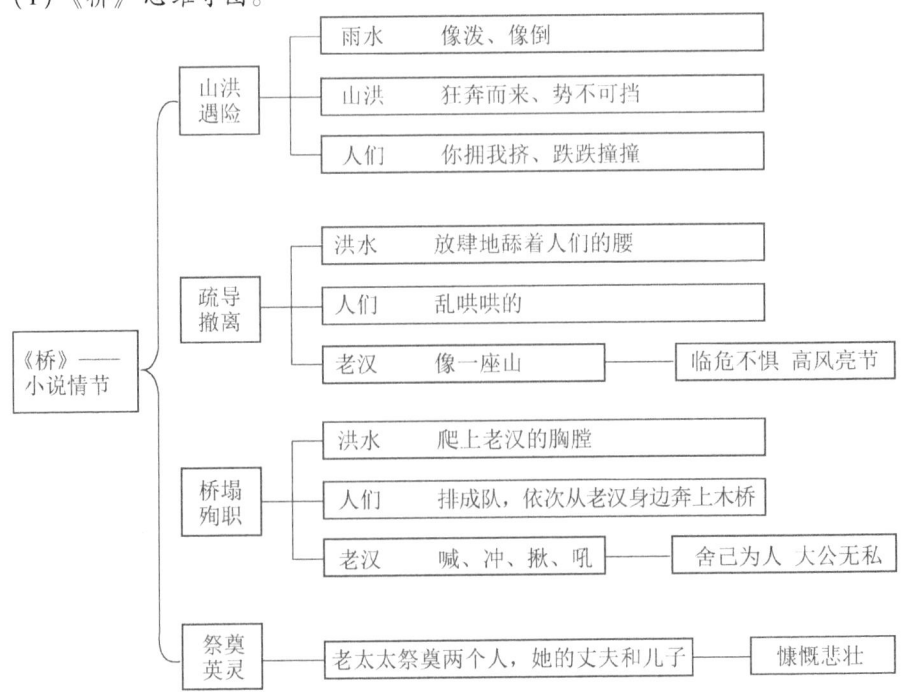

(2)《桥》表格梳理。

《桥》三要素		内容
主要人物		老汉
环境特点		暴雨席卷，村庄淹没
情节发展	开端	黎明时分，山洪遇险
	发展	镇定疏导，紧急撤离
	高潮	桥塌水淹，壮烈牺牲
	结局	祭奠英灵

同学们，这两种不同的方式带给了你什么感受呢？

预设：写作的思路更加清晰，小说的构思设计也会比较合理。

3. 绘制图谱：请同学们绘制属于自己的故事图谱

设计意图：以名家讲座为契机，联结旧知，点拨写作妙招。以这种方式来吸引学生的注意力，进而对学生的写作由浅入深，逐层进行指导，以具体可操作的方式技巧来化解写作难点。

板块四 自我评价，名家点评

1. 根据评价标准对习作进行自我评价

	评价标准	等级	自评	小组评	教师评 在✎打√
内容结构	①故事能围绕主要人物展开。	✎✎✎	✎✎✎	✎✎✎	✎✎✎
	②故事完整（包含开端、发展、高潮、结局）。	✎✎✎	✎✎✎	✎✎✎	✎✎✎
	③情节吸引人（一波三折）	✎✎✎	✎✎✎	✎✎✎	✎✎✎
	④尝试写出故事发生的环境。	✎✎✎	✎✎✎	✎✎✎	✎✎✎
	⑤写出人物的心理活动。	✎✎✎	✎✎✎	✎✎✎	✎✎✎
语言	通顺、流畅、形象、生动	✎✎✎	✎✎✎	✎✎✎	✎✎✎
书写	书写美观、卷面整洁	✎✎✎	✎✎✎	✎✎✎	✎✎✎

2. 名家现场习作点评

（师生共同扮演名作家托尔斯泰、谈歌、杨旭进行总评、点评）

（1）作品初展示。

丁香花开，少年蜕变

张明，是校园里出了名的淘气包。这天，他瞅见了校园里那片盛开的丁香花，心中突然萌生了一个"绝妙"的主意。

他趁大家不注意，悄悄溜进丁香花坛，开始用他那双略显修长的手采摘花朵，动作敏捷而又小心翼翼，生怕被人发现。

就在这时，班长王寒冰出现了。"张明，你又在捣什么乱？"王寒冰厉声问道。

张明一愣，手中的花环差点掉落："哎呀，班长，想摘下来让大家一起欣赏。""欣赏？你这是破坏校园环境！"王寒冰毫不留情地指出。"我真的就想欣赏一下。"张明继续争辩着。

这时，班主任李军闻讯赶来。"张明，你知道吗，丁香花虽然美，但它们也有自己的生命。"班主任语重心长地说。

张明听了，心中不禁有些愧疚。"老师，我错了。"张明低声说，"我以后再也不破坏校园环境了。"班主任微笑着点了点头，然后转头对王寒冰说："寒冰，我相信张明会改正的"王寒冰听了，也露出了笑容。

从那以后，张明真的变了。而那片开满丁香花的校园，也因为有了张明、王寒冰和李军这样的师生而变得更加美丽和温馨。

（2）同学们根据评价细则进行小组内评价，并以小组为单位提出修改意见。

点评：①立意好，情节合理，贴近生活；②语言通顺。③可以增加细节描写，以突出人物形象。④结尾可以升华，以回扣主题。

（3）小组针对点评意见展开习作修改。

丁香花开，少年蜕变

在那座被丁香花包围的校园里，每一朵绽放的花朵都似乎在诉说着少年的故事。他们的故事，就像丁香花一样，芬芳而难忘。

张明，是校园里出了名的淘气包。他瘦高个儿，留着一头略显凌乱的短发，眼神中总是闪烁着狡黠的光芒。这天，他瞅见了校园里那片盛开的丁香花，心中突然萌生了一个"绝妙"的主意，嘴角勾起一抹得意的笑。

"嘿，如果把丁香花编成花环，戴在头上，那得多酷啊！"张明心想。于是，他趁大家不注意，悄悄溜进丁香花坛，开始用他那双略显修长的手采摘花朵，动作敏捷而又小心翼翼，生怕被人发现。

就在这时，班长王寒冰出现了。她高挑的身材，一头乌黑的长发束在脑后，眉宇间透露出一股英气。她一眼就看到了张明在"作案"，眉头紧锁，大步流星地走过来，眼神中透露出不容置疑的威严。

"张明，你又在捣什么乱？"王寒冰厉声问道，双手叉腰，一副准备兴师问罪的模样。

张明一愣，手中的花环差点掉落。他故作镇定，嬉皮笑脸地说："哎呀，班长，我只是觉得这花太美了，想摘下来让大家一起欣赏。"说着，他还用手轻轻拨弄了一下额前的短发，试图掩饰内心的慌乱。

"欣赏？你这是破坏校园环境！"王寒冰毫不留情地指出，语气中透露出不容置疑的坚定。

正当两人争执不下时，班主任李军闻讯赶来。他脸上总是挂着和煦的笑容，给人一种亲切感。他看了看张明手中的花环，又看了看一脸严肃的王寒冰，心中已经有了几分了然。

"张明，你知道吗，丁香花虽然美，但它们也有自己的生命。"班主任语重心长地说，"如果我们每个人都像你一样随意采摘，那这片美丽的花海很快就会消失。"说着，他轻轻拍了拍张明的肩膀，眼神中透露出鼓励和期待。

张明听了，心中不禁有些愧疚。他低头看了看手中的花环，又抬头望了望那片盛开的丁香花，心中涌起一股莫名的情感。他的眼神逐渐变得坚定起来，仿佛在这一刻做出了一个重要的决定。

"老师，我错了。"张明低声说，"我以后再也不破坏校园环境了。"说着，他轻轻地将手中的花环放在地上，用脚轻轻踩了踩，仿佛是在告别过去的自己。

班主任微笑着点了点头，然后转头对王寒冰说："寒冰，我相信张明会改正的。我们每个人都有犯错的时候，重要的是能够改正。"说着，他还用手轻轻拍了拍王寒冰的肩膀。

王寒冰听了，也露出了笑容。她看了看张明，眼中闪过一丝温柔的光芒。她知道自己这个班长有时候确实过于严厉了，但看到张明能够真心悔改，她还是感到很欣慰的。

从那以后，张明真的变了。他不再搞恶作剧，反而开始积极参与校园环保活动。每当丁香花开的季节，他都会站在花坛边，欣赏那些美丽的花朵。他的眼神中充满了对生命的敬畏和对未来的憧憬，仿佛在这一刻找到了真正属于自己的方向。

而那片开满丁香花的校园，也因为有了张明、王寒冰和李军这样的师生而变得更加美丽和温馨。他们用自己的行动诠释着少年的真谛：成长、改变、责任与担当。在丁香花的见证下，他们共同书写了一段关于少年蜕变的美丽篇章。

设计意图：以评促学，通过具体的评价标准，达到具体指导写作的目的。通过采访名家的指导点评活动，让学生有针对性地解决自己在写作中遇到的困惑与难题，这样的教学真正地将写作课堂还给学生，让学生成为写作课堂的主人。同时，也培养了学生的写作思维，从构思、到评价、到修改，全面提升学生的写作能力。

板块五　合作修改，佳作推选

（1）学生自主修改与小组修改相结合，教师巡视指导，可提出修改意见和建议。

（2）指导小组内完成佳作推选。

设计意图：以评促学，使学生独立学习与合作学习相结合，优势互补。同时，依照评价标准，再次对写作的要求有了更深刻的理解，既全面提升学生的写作能力，也通过推优评价机制激发了学生的写作兴趣。

三、实用文写作

实用文写作旨在培养学生的逻辑思维、规范表达及解决实际问题的能力，它是连接学生日常学习与社会实践的重要桥梁。通过撰写书信、通知、报告等应用文体，学生不仅能提升书面表达的准确性和正式性，还能在解决实际问题的过程中锻炼思维能力和社会适应能力，为小初衔接阶段的语文素养全面提升奠定坚实基础。

1. 教学目标

知识与技能：确保学生能够熟练掌握通知、书信、日记、简短报告等实用文的格式、结构和语言特点，能够根据具体情境选择合适的文体进行写作。

过程与方法：通过情景模拟、小组合作等教学方式，培养学生的观察力、思考力及信息整合能力，使其能够在写作过程中灵活运用所学知识与技能。

情感态度与价值观：激发学生对实用文写作的兴趣，培养其认真负责的态度，提升解决实际问题的能力，及增强社会责任感。

2. 教学内容与方法

（1）实用文体知识系统讲解

结合新课标中关于习作教学的要求，详细介绍各类实用文体的基本要素，如通知的标题、正文、落款；书信的格式、称谓、正文、祝福语及署名等。

利用多媒体教学资源展示实例，帮助学生直观理解。

（2）情景模拟与写作实践

模拟情境设计：针对六年级学生特点，设计贴近学生生活的情境，如"撰写班级春游通知""给远方朋友的一封信""记录周末家庭活动日记"等。

分步指导：引导学生分析情境，确定文体，构思内容，草拟初稿，最后进行修改完善。

实践作业：布置课外实践作业，如调查学校周边交通状况并撰写简短报告，强化社会应用能力。

（3）小组合作与讨论

分组原则：根据学生能力均衡分组，确保每组内都有不同特长的学生。

任务分配：明确小组内各成员职责，如资料收集员、初稿撰写员、修改润色员等。

讨论环节：鼓励小组内就写作主题、内容构思、语言表达等方面进行深入讨论，形成共识。

（4）教师点评与个性化指导

即时反馈：在学生写作过程中，教师及时指导，及时发现问题并给予即时反馈。

详细点评：收集学生作品，从格式规范、内容充实、语言表达等方面进行详细点评，提出具体改进建议。

个性化辅导：针对个别学生存在的问题，进行一对一辅导，帮助其克服写作障碍。

（5）作品展示与多元评价

作品展示：组织班级作品展示会，让学生朗读自己的作品并分享写作心得。

同伴评价：引导学生相互评价作品，学习他人优点，同时反思自身不足。

家长参与：邀请家长参与作品评价，增强家校互动，共同促进学生写作能力的提升。

3. 教学评价与反馈机制

知识掌握评价：通过课堂小测验、阶段性测试等方式，定期检测学生对实用文体知识的掌握情况。

社会应用能力评价：结合学生的情景模拟作品和社会实践报告，评估其将所学知识应用于解决实际问题的能力。

写作水平评价：采用等级评分与评语相结合的方式，对学生的作品进行全面评价，重点关注内容的真实性、条理性、语言的准确性和生动性。

持续性反馈：建立学生写作成长档案，记录每次写作任务的完成情况及教师的反馈意见，为后续教学提供参考。

4. 教学反思与总结

内容反思：回顾实用文体知识讲解的全面性和深度，思考是否需要增加新的文体类型或深化现有文体的教学。

方法反思：评估情景模拟、小组合作等教学方法的有效性，探讨如何进一步优化教学设计，提高学生的学习兴趣和参与度。

效果反思：分析学生作品的质量和社会应用能力的提升情况，总结成功经验与不足之处，为今后的教学改进提供参考。

个性化指导反思：反思个性化指导的实施效果，思考如何针对不同学生的特点和需求提供更加精准有效的指导策略。

附 教学设计：《学写倡议书》

【课标分析】

1. 课标摘录

本课定位为习作评改课，指向发展型学习任务群中的实用性阅读与交流模块，《义务教育语文课程标准（2022年版）》中针对本节课的相关要求如下：懂得写作是为了自我表达和与人交流。养成留心观察周围事物的习惯，有意识地丰富自己的见闻，珍视个人的独特感受，积累习作素材。能根据内容表达的需要分段表述。分享观察自然、探索科学世界的所见所闻、所思所感。关注家庭、学校、社区生活中发生的新鲜事。能懂得写作是为了自我表达和与人交流。能修改自己的习作，并主动与他人交换修改。

2. 课标分解

（1）关于"关注家庭、学校、社区生活中发生的新鲜事"。在大单元教学导学课上，即安排学生分小组走进社区，寻找身边的环境问题并进行记录，思考可能会造成的后果，提出初步的解决方法，让学生关注身边的人和事。养成留心观察周围事物的习惯，积累习作素材。

（2）关于"为了自我表达和与人交流"，当有想法希望得到大家支持并一起去实施时，我们可以写倡议书。倡议书就是一种自我想法的表达，写完后进行张贴，通过有感染力的文字引发他人共鸣，鼓舞人心，达到倡议的效果。对自己的作文进行修改，进行二次表达，以便更好地表达出自己的想法。

（3）关于"能修改自己的习作"，即通过习作评改，以便更加有针对性地对其提出建议，倡议书的内容更加贴切实际，让学生能真正提出有效的建议。

【教材分析】

本单元的主题是"保护环境",本次习作"学写倡议书"由单元主题拓展而来,习作内容可以结合前面课文所学,围绕环境保护方面的内容写,围绕珍惜资源、保护环境等问题提出倡议,使环保意识根植心中,并转化为日常的行为,这也是"立德树人"教育目标落在生活实处的体现。是一次密切联系学生生活实际的实用性练习。

在教学设计的编排上,尝试前置教学,将倡议书的每一个部分有机融合于课文的教学中,结合每课的重点进行对应部分的习作指导。而本节评改课通过复盘和评价,让学生再次完善倡议书。

【情境设计】

此次大单元习作的情境是鼓励学生走进社区,争做"绿美"少年,因此可鼓励学生提前实地走访,调查周围的环境问题,以便更加有针对性地对其提出建议,让倡议书的内容更加贴地,不至于空泛,做到有话可说,有话可写。

【学情分析】

1. 学习基础点

学生日常生活中在学校通知、社区布告栏中见过倡议书,对倡议书这种实用性文本并不陌生。学生在三年级开始学习修改自己的习作,已经具备了一定的修改习作的知识储备和修改习作的能力,初步掌握了修改习作的方法,比如对照习作要求、结合"交流平台""习作例文",同学间交换批改等。

2. 学习障碍点

学生不熟悉倡议书的具体格式,这对刚上六年级的学生来说,容易出现"格式不对"现象,或者不懂得选择更为典型、有针对性的材料和语言做呼吁。教师需要引导学生结合评价量表,针对是否进行有效的倡议相互评价,提升学生评价和修改习作的能力。

3. 学习生长点

能根据习作评价量表,能明确倡议书的格式,并就自己关心的问题写一份倡议书,写清提出倡议的原因、具体做法,学会关心身边的环境问题,激发对环境保护的热情,初步思考环保措施。同时,进一步提升评价和修改习作的能力,能乐于通过文字与他人进行交流。

【学习目标】

(1)通过习作评改,进一步掌握倡议书的格式。

(2)结合精读课文、习作例文和习作,观察社区环境问题,并针对环境问题,提出初步的解决方案。

（3）能根据习作评价量表，针对是否进行有效倡议进行修改，提升评价和修改的能力。

【评估任务】

（1）学生在多层次的评改中，能辨别自己和他人是否写对倡议书的正确格式。

（2）学生能够在评改过程中，就自己关心的问题写一份倡议书，写清提出倡议的原因和具体做法。

（3）学生能够通过根据习作评价量表，针对语言组织、是否有效倡议对习作进行评价和修改。

【情境创设与任务框架】

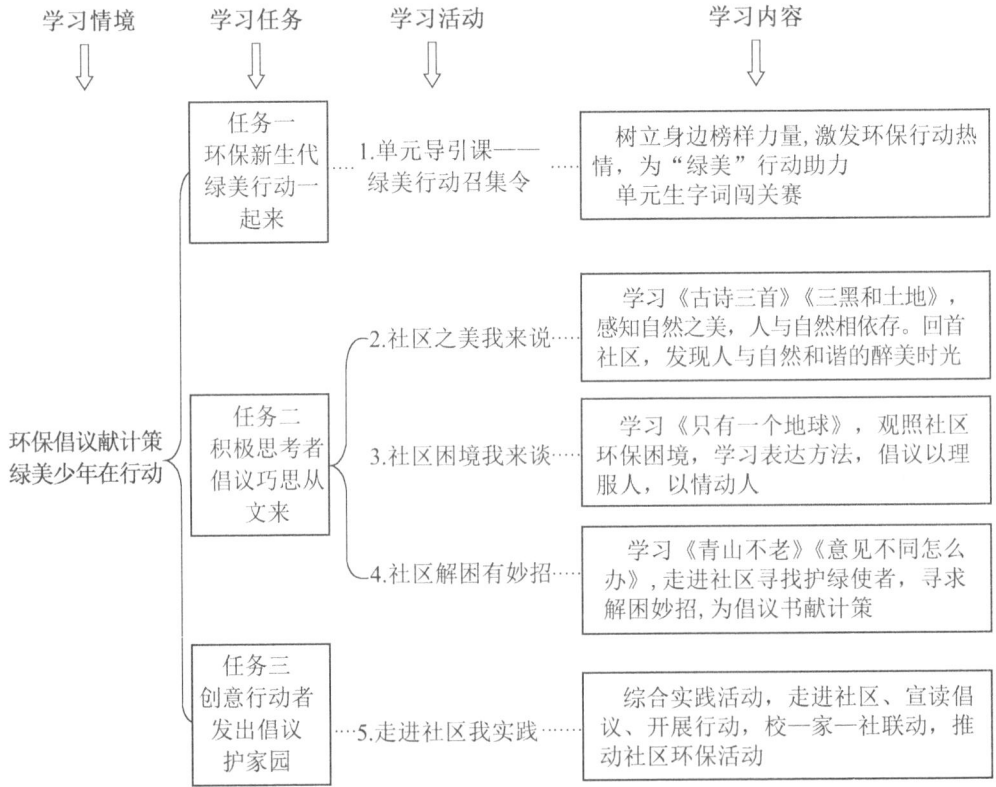

【教学过程】

教学过程

教学环节	教师活动	学生活动	评价要点
板块一 回顾单元 复习要求	一、回顾单元任务 1. 教师播放单元导读课视频，回顾"争做绿美少年"情境任务。 2. 出示身边社区环境调查结果和相关数据，明确写倡议书的重要性。	1. 学生明确单元情境大任务，明确这节课的学习目标。 2. 观察数据，了解保护环境的重要性和紧迫性。 3. 提前准备已经写好的倡议书。	1. 学生通过观察和练习，明确倡议书的格式。 2. 回顾任务，学生有写倡议书的意识和热情，积极参与到写倡议书的学习活动中来。
	二、复习格式要求 1. 倡议书分为哪些部分？要注意什么？完成课中习题。 ①倡议标题：要鲜明。 ②倡议对象：依据倡议对象写称呼。 ③倡议内容：正文要写清楚倡议原因、倡议建议、倡议口号等，可以分条说明。 ④署名和日期。	1. 学生再次观察课本例文，对应学习单中的范文，梳理分清倡议书的板块。 ①标题要鲜明。 ②依据对象写称呼。 ③分条说明内容。 ④署名和日期。 学生汇报练习结果，对照答案互批互改。 2. 明确倡议原因，从"社会—个人"层次进行分析，更加有说服力。	
设计意图	本节课定位为习作评改课，学生已经有一定的习作基础，写作指导已经在先前的课文学习中进行了渗透，因此这节课第一环节制定为回顾单元任务和习作要求。		

续上表

教学环节	教师活动	学生活动	评价要点
板块二 回归课文	一、点评习作,课文引领 1. 选择例文指导:能按照倡议书格式写,但没有感染力。 2. 如何让倡议书更加有号召力?回顾《青山不老》《只有一个地球》及词句段运用,思考如何让倡议得到大家的支持,学会分点列举观点,更加简洁明了地表达观点。且建议一定要行之有效,便于实施。 3. 出示量表自评互评。	1. 通过回顾课文,复习课文中可以和倡议书勾连的部分,学习写法,模仿和使用,为后面的评改进行铺垫。 2. 文中得法:原因具体生动,建议层次分明、具体可行,结尾应有感召力。 3. 根据量表自评互评。 | 标题	内容+倡议书	绿美少年	绿美少年	绿美少年
---	---	---	---	---
称呼	顶格			
理由	条理清晰			
	层次分明			
	互为关联			
建议	分点说明			
	层次清晰			
	要点突出			
呼吁	语气恳切			
署名	真实			
日期	正确					学生能够明确要求:倡议原因有理有据,有说服力;倡议建议分点介绍,有实操性;倡议结尾部分有感染力,号召力强。
设计意图	学生结合课外所收集的素材,完成倡议书,是本次大单元学习的表达目标。在点评环节,结合前面所学内容,将其前后勾连起来;回顾课文片段,从中感受情理结合及其对倡议书表达的重要性。出示评价量表,学生对习作标准直观可见,有评价依据。		

续上表

教学环节	教师活动	学生活动	评价要点
板块三 借助量表 评改文章	一、多标准评习作 1. 出示评价量表。 2. 明晰任务：借助评价量表评改习作。 二、多维度评习作 1. 从不同维度挑选学生作文展示： ①针对城市设施提建议。 ②针对公共卫生提建议。 ③针对垃圾分类提建议。 2. 引导学生从三个方面进行赏析。	1. 看评价量表，了解倡议书评价标准。 2. 对基础设施配备提建议的三篇文章，选出最欣赏的一篇。 3. 对公共卫生提建议，就层次分明，条理清晰，有理有据方面选出最欣赏的一篇。 4. 对垃圾分类提建议的三篇文章，就语言能鼓舞人心、有号召力方面，选出自己最欣赏的一篇。	学生能借助量表，从词句措辞、倡议条理性、语言表达号召力三个方面对他人的习作进行评价。
设计意图	从学生习作中，按照不同的倡议内容，针对不同的写作角度进行集中性评改，让学生更明晰习作要求和倡议书写作技巧。		
板块四 参照范例 评改文章	一、范文指引改习作 1. 请学生依据评价量表，在小组内交换习作，进行自评、互评。 2. 请学生对照评价量表，自行修改习作。 二、共赏共评荐榜样 请学生在组内展示修改好的习作，推荐最佳习作，获取对应"绿美少年"章。	1. 学生依据评价量表，在小组内交换习作，对习作进行自评、互评，交流修改建议。 2. 学生对照评价量表，自行修改习作。 3. 学生在组内展示修改好的习作，推荐最佳习作。	学生能依据评价卡在小组内对习作进行自评、互评，交流修改建议，进一步修改。

续上表

教学环节	教师活动	学生活动	评价要点
设计意图	通过学习范例进行宣讲，学生迁移学习成果，进而学会修改自己的倡议书，落实单元习作要求。		
板书设计	【板书设计】 绿美少年，倡议先行 ——争做环保小达人 层次分明　条理清晰 推己及人　鼓舞人心		

第九章 小初衔接口语交际与综合性学习教学范式

一、演讲与口才

演讲与口才训练的目的与意义在于提升学生的语言表达能力、公众形象塑造能力及增强自信心，为小初衔接及终身发展奠定坚实基础。通过系统性的演讲训练，学生能够掌握有效的沟通技巧和表达策略，提高在公众场合的发言能力和应变能力。这不仅有助于学生在学术交流和未来职业领域中脱颖而出，还能够为学生在小初衔接阶段实现自我超越和社会融入提供有力支持。

1. 教学目标

在核心素养导向的语文教学中，根据《义务教育语文课程标准（2022年版）》的理念，演讲与口才训练旨在全面提升学生的口语表达能力、思维逻辑性和公众演讲技巧。具体目标如下：

自我表达与交流：学生能够清晰、准确地表达自己的观点和情感，与人进行有效的沟通与交流。

思维逻辑性：培养学生的逻辑思维能力，使其能够有条理地组织演讲内容，形成连贯的论述。

公众演讲技巧：掌握并运用演讲的基本技巧，如语言表达、肢体语言、声音控制等，增强演讲的感染力和说服力。

自信心培养：通过多次模拟和实战演练，增强学生的自信心，而敢于在公众场合发表演讲。

2. 教学内容与方法

（1）演讲基础知识讲解

内容细化：详细讲解演讲的定义、作用、类型以及演讲结构（包括引人入胜的开头、逻辑严密的主体、鼓舞人心的结尾）。

技巧剖析：深入剖析语言表达的技巧（如清晰发音、适当语速、词汇丰富性）、肢体语言的运用（如眼神交流、手势辅助）、声音控制的策略（如音量控制、语调变化、节奏把握）。

（2）主题选择与准备

主题设定：围绕学生生活、社会热点、学科学习等设定多样化的主题，如"绿色生活从我做起——环保倡议""科技改变未来——科技创新畅想""梦想启航——我的职业理想"等。

资料收集与演讲稿撰写：引导学生通过书籍、网络、访谈等多种途径收集资料，撰写结构合理、内容充实的演讲稿并进行初步的演练和修改。

（3）模拟演讲与点评

模拟环境：创设真实的演讲环境，如模拟辩论赛、校园广播站、班级会议等，让学生轮流进行模拟演讲。

多维度点评：从演讲内容、语言表达、肢体语言、声音运用等多个维度进行点评，注重正面肯定与建设性建议的结合。

（4）演讲技巧提升训练

专项训练：针对学生在模拟演讲中暴露出的具体问题，开展专项训练。如口语表达训练（绕口令、即兴演讲）、形体训练（站姿、手势）、嗓音训练（气息控制、共鸣练习）等。

同伴互助：鼓励学生之间相互学习、相互评价，通过小组讨论、同伴反馈等方式共同提升演讲技巧。

（5）实战演练与展示

组织活动：定期举办班级演讲比赛、校园演讲节等活动，为学生提供展示自我的平台。

展示与评价：鼓励学生积极参与并勇敢展示自己的演讲才能，邀请教师、家长、同学作为观众和评委，对学生的演讲进行综合评价。

3. 教学评价与反馈

（1）过程性评价

参与度观察：记录学生在课堂讨论、资料收集、演讲稿撰写、模拟演讲等过程中的参与度。

努力程度评估：评价学生为准备演讲所付出的努力程度，如收集资料的广度与深度、演讲稿的修改次数等。

（2）结果性评价

演讲水平评估：通过模拟演讲、实战演练或展示活动，综合评价学生的演讲水平，包括内容质量、语言表达、肢体语言、声音运用等方面。

能力提升评估：对比学生训练前后的表现，评估其演讲水平和口才能力的提升情况。

（3）反馈与指导

即时反馈：在模拟演讲和实战演练过程中，及时给予学生反馈和指导，指出其优点和不足并提出改进建议。

定期总结：定期组织学生进行自我总结和小组讨论，分享学习心得和体会，共同提高演讲能力。

4. 教学反思与总结

知识掌握情况反思：评估学生对演讲基础知识的掌握情况，分析是否存在薄弱环节，有针对性地制定补救措施。

表现问题剖析：总结学生在模拟演讲和实战演练中的表现，剖析存在的普遍性问题及其原因并提出相应的解决策略。

教学策略调整：根据教学反思结果，调整教学策略和方法，如增加案例分析、引入多媒体教学资源、开展小组合作学习等，以更好地提升学生的演讲水平和口才能力。

兴趣与积极性激发：探索更多元化的教学手段和活动形式，如设置奖励机制、举办主题演讲月等，以进一步激发学生的兴趣和积极性，促进其更加主动地参与到演讲与口才训练中。

附 教学设计：《演讲》

题目	《演讲》		
课型	口语交际	授课对象	六年级
目标确立依据	一、课标摘录 1. 听人说话要认真、耐心，能抓住要点，并能简要转述。乐于表达，与人交流能尊重和理解对方。注意语言美，抵制不文明的语言。 2. 参与讨论，敢于发表自己的意见，说清自己的观点。表达有条理，语气、语调适当。 3. 引导学生分析证据和观点之间的联系，辨别总分、并列、因果等关系，有条理地表达自己的观点。 二、课标分解 1. 关于"乐于表达，与人交流能尊重和理解对方"。本次口语交际意在演讲时要观点鲜明，选择合适的材料说明观点，如列举有代表性的事例，引用名言警句。 2. 关于"表达有条理"，即表达观点逻辑清晰，有理有据；关于"语气、语调适当"则强调在演讲时，语气、语调适当，姿态大方，利用停顿、重复或辅以动作强调要点，增强表现力。 本次口语交际旨在引导能用适当的语气、语调进行演讲。培养语言运用能力和思维的敏捷性。 3. 根据单元特点，可将本单元任务群定位为"文学阅读与创意表达"。		

目标确立依据	教材分析	本单元以"革命岁月"为主题，紧密贴合新课标要求，编排了《七律·长征》《狼牙山五壮士》《开国大典》三篇精读课文，以及《灯光》《我的战友邱少云》两篇略读课文。这是小学阶段第二个以革命为主题的单元，旨在引导学生深刻感受革命者英勇斗争、不怕牺牲的革命英雄主义精神，以及在艰苦卓绝的斗争中展现出的积极向上的革命乐观主义精神。语文园地中的"书写提示"部分，特别选取了《游子吟》和《赵一曼写给儿子的信》，这两篇文章不仅蕴含着深厚的家国情怀，也巧妙地渗透了爱国主义教育；而"日积月累"部分则主要让学生背诵、积累历代圣贤的爱国名言，进一步呼应并深化了本单元的人文主题。整个单元设计具有鲜明的价值导向，虽然课文反映的是不同革命斗争阶段的故事，但它们所表现的精神主旨是高度统一的，都旨在培养学生的爱国情感和革命传统精神。 本单元的口语交际内容主要是"演讲"，这是一个与生活紧密相关且极具实用性的口语交际形式。通过演讲活动，学生不仅能够锻炼自己的语言表达和思维组织能力，还能增强自信心和公众表现力。 本单元的阅读要素是"了解文章是怎样点面结合写场面的"，"点面结合"是文章写作中一种常用的方法，一般用于环境描写和场面描写中。"点"指的是最能显示人、事、景物形象、状态、特征的详细描写；"面"指的是对人、事、景物的叙述或概括性描写。"点"突出重点，体现深度；"面"顾及全局，体现广度。点面结合，既有整体，又有局部，就能表现出人、事、景物真切的形象状态，将思想感情准确地表达出来。本单元的阅读要素旨在让学生体会文章描写场面时，既注重整体面貌的勾勒，也注意局部细节的刻画，感受二者是如何有机结合的。 从人文主题、语文要素及以上的解读可以看出，本单元在课程内容上从属于"文学阅读与创意表达"学习任务群。从读到写，这与任务群"文学阅读到创意表达"的逻辑关系相符合，也符合学生实际。

续上表

目标确立依据	学情分析	学习基础点：学生在之前的学习中已经积累了一定的词汇量和语法知识，能够用较为准确的语言表达自己的思想和观点。许多学生对演讲抱有浓厚的兴趣，渴望在公众场合展示自己的才华和观点，这是他们学习演讲的内在动力。部分学生在课堂或课外活动中已有过简单的演讲经历，对演讲的基本形式和流程有一定的了解。 学习障碍点：面对公众演讲，许多学生会感到紧张和不安，担心自己的表现不佳或受到他人的嘲笑。部分学生在组织语言时可能遇到困难，难以用清晰、有条理的方式表达自己的观点。一些学生可能对自己的演讲能力缺乏自信，害怕在演讲过程中出现失误或忘词。 学习生长点：通过学习演讲，学生可以进一步提升自己的语言表达能力，学会如何用精炼、有力的语言传达自己的观点。成功的演讲经历可以帮助学生增强自信心，使他们在未来的学习和生活中更加勇敢地面对挑战。演讲是领导力的重要组成部分，通过学习演讲学生可以培养自己的领导力和公众表现力，为未来的职业发展打下基础。
学习目标		1. 学生能够了解演讲的基本要素和技巧，学会撰写演讲稿，掌握演讲时的语言表达和肢体语言运用。 2. 通过情景模拟、小组讨论、实践演练等多种方式，让学生在参与中学习和掌握演讲技能。 3. 激发学生对演讲的兴趣和热情，培养学生的自信心和公众意识，提升他们的综合素质。
评估任务		1. 检验学生是否掌握了演讲的基本要素和技巧。 2. 评估学生在实际演讲中的语言表达、肢体语言运用以及互动能力。 3. 考查学生是否能够在演讲中自信地传达自己的观点和情感。
情境与任务框架		献礼祖国 致敬英雄： 任务一 大典主播我来做 　活动一：寻找大典精彩场景 —《开国大典》 　活动二：讲述大典精彩场景 任务二 长征精神我来诵 　活动一：长征路线我来画 —《七律·长征》 　活动二：长征精神我来诵 任务三 革命故事我演讲 　活动一：寻找革命英雄 —《狼牙山五壮士》《灯光》《我的战友邱少云》口语交际 　活动二：讲述英雄故事 任务四 多彩活动我记录 　活动一：回忆精彩那一幕 — 语文园地 习作：多彩的活动 　活动二：记录精彩那一幕

续上表

	教学过程		
教学环节	教师活动	学生活动	评价要点
板块一：观看视频明确话题	1. 播放优秀的演讲视频。 2. 师生交流：谈一谈自己演讲的经历和感受。 3. 小结导入：今天这节课我们就来学学写演讲稿，在班上开展一次演讲活动。	1. 观看视频，了解话题。 2. 学生交流观看的体会或感悟。 3. 明确：演讲就是围绕一个话题，用讲述的方式把自己的观点传达给别人。	能够用自己的话说出演讲的基本要求。
设计意图	通过多种方式引导学生理解演讲的基本概念，激发他们的演讲兴趣，并为后续学习撰写演讲稿和进行实际演讲活动奠定基础。		
板块二：确定话题拟定题目	1. 出示话题，引导审题，畅谈感受。 师：你对上面哪个话题比较感兴趣？拓展：除此之外，你们还有没有感兴趣的话题？ 2. 指名交流，相机点评。 3. 引导学生对课件上出示的演讲题目进行讨论，进一步明确演讲稿拟题要求。	1. 自由畅谈自己感兴趣的话题。可以联系实际生活展开谈。 2. 小组交流感兴趣的话题。 3. 全班汇报感兴趣的话题。从不同角度进行汇报。 4. 明确拟题要点：表达主题要鲜明，题目要完整，观点要明确。 5. 学生自主修改演讲题目。	能够通过小组交流建构演讲稿拟题要求，即题目要完整，观点要明确。
设计意图	全面引导学生从选择感兴趣的话题开始，逐步深入到拟定演讲题目的具体实践中。通过一系列有序的活动，帮助学生明确演讲的主题和核心观点，提升他们的自主性和拟题能力，为后续的学习和实践奠定坚实基础。		

续上表

板块三：梳理方法写演讲稿	1. 教师引导性问题：这是一位同学围绕"科学"这个话题写的一篇演讲稿，一起来读一读。 2. 指名交流。你们觉得这篇演讲稿怎么样？能说服你吗？为什么？ 3. 什么样的演讲稿才有说服力呢？ 4. 指导学生修改演讲稿。	1. 自主阅读演讲稿范文。 2. 根据评价表交流评价范文。 3. 讨论什么样的演讲稿有说服力。 ①观点要鲜明。 ②选择合适的材料说明观点，如列举有代表性的事例，引用名言警句。 ③要有感染力，可以引用生动的故事。 4. 学生自拟题目，写演讲稿。	能够通过讨论明确演讲稿在观点、材料、感染力上的要求，必须有说服力。
设计意图	引导学生深入理解演讲稿的写作方法和技巧，通过实例分析和方法梳理，帮助学生掌握撰写有说服力演讲稿的关键要素，并鼓励他们将所学应用于实践，尝试撰写自己的演讲稿，以提升写作能力和演讲效果。		
板块四：练习演讲互动评价	1. 教师引导性问题：同学们的演讲稿写完了，怎样讲才有感染力呢？请听听小伙伴是怎么说的。 2. 组织学生交流，引导制定评价标准。 3. 组织小组练习演讲，填写评价表。 4. 组织小组推荐代表全班展示。引导评价：你觉得他的演讲有什么值得肯定的地方？你有什么建议？ 5. 组织评审团评议。	1. 小组讨论演讲稿的感染力。 2. 全班汇报交流，拟定标准。 ①语气、语调适当，姿态大方。 ②利用停顿、重复或者辅以动作强调要点，增强表现力。 3. 学生自主练习。 4. 组内练习演讲，填写评价表。 5. 小组推荐一名代表在全班展示。 6. 根据评价表对演讲者进行评价。 7. 听众评审团评价，评选班级"金话筒奖——最佳演讲者"。	师生共建最佳演讲者的评价标准，能够根据标准，评选心目中的最佳演讲者。

续上表

设计意图	通过自主练习、组内练习和全班展示,实践演讲技巧,提升学生演讲能力。同时,利用评价表和观众评审团的形式,引导学生学会欣赏和评价他人的演讲,培养批判性思维和表达能力。
评价标准	演讲题目:　　　　　演讲者: 　评价项目　　　　评价标准　　　　　　　　　　　　　建议 　1. 观点　　　　　鲜明 　2. 材料　　　　　合适,有代表性,引用名言警句 　3. 语气　　　　　语调适当 　4. 姿态　　　　　自信、大方 　5. 感染力　　　　故事生动,利用停顿、重复或者辅以动作强调要点,增强表现力
板书设计	演讲 观点　　　材料　　　感染力 ↓　　　　↓　　　　↓ 鲜明　　　合适　　　生动的故事 　　　　有代表性　　停顿、重复、动作 　　　　有名言警句

二、协商的语言艺术

培养学生的沟通协商能力、团队协作精神及社会适应能力,能够为小初衔接及未来社会生活奠定坚实基础。通过系统性的协商语言艺术教学,学生能够掌握有效的对话策略与谈判技巧,提升在多元意见环境中的协商能力和共识达成能力。这不仅有助于学生在学校活动中更好地进行合作与协调,还能在未来社会生活及职场中有效应对复杂的人际关系,促进和谐共处与共同发展。同时,该教学紧扣新课标要求,注重学生核心素养的培育,特别是沟通能力和社会参与度的提升,为学生在小初衔接阶段实现全面发展和社会融入提供坚实的语言与沟通支持。

1. 教学目标

在核心素养导向的语文教学中,依据《义务教育语文课程标准(2022年版)》的要求,协商的语言艺术提升旨在培养学生的沟通协商能力、同理心、社会交往技能以及解决冲突的能力,为小初衔接及未来社会生活做好准备。具体目标如下:

有效沟通:学生能够运用恰当的语言和策略,清晰表达自己的观点和需求,同时倾听并理解对方的立场。

同理心培养:培养学生的同理心,使其能够在协商过程中设身处地地理解对方的感受和需求。

冲突解决能力:掌握协商的基本原则和技巧,有效应对分歧,寻求双方都能接受的解决方案。

团队协作与领导力:通过协商实践,提升学生的团队协作意识和初步的领导力,促进集体目标的达成。

2. 教学内容与方法

(1) 协商的基本概念与情境认知

协商的定义:用简单易懂的语言介绍协商的含义,比如"协商就是大家坐在一起,商量怎么解决问题,让大家都满意"。

协商的重要性:通过小故事或生活实例,让学生理解协商在日常生活和学习中的重要性,比如解决同学间的矛盾、分配班级任务等。

情境认知:引导学生识别日常生活中哪些情况需要协商,如班级游戏规则制定、小组作业分工等。

(2) 协商的基本技巧

倾听技巧:教授学生如何认真听别人说话,不打断;用点头或简单的词语回应。

表达意见:鼓励学生清晰、礼貌地表达自己的想法和感受。

尊重差异:引导学生理解并尊重他人的不同意见。

角色扮演:设计简单的协商场景,让学生扮演不同角色进行练习。

情景模拟:通过模拟真实情境,让学生在实践中学习协商技巧。

(3) 协商的实践与体验

班级活动协商:组织班级活动前,让学生参与活动内容的协商,如春游地点选择、班级装饰设计等。

小组任务分工:在小组作业中,让学生协商分工,确保任务顺利完成。

冲突解决:当同学间出现矛盾时,引导他们通过协商来解决问题。

小组合作:鼓励学生以小组为单位进行协商实践,培养团队协作精神。

教师引导:在协商过程中,教师适时给予指导和反馈,帮助学生改进协商技巧。

(4) 协商的反思与分享

个人反思：每次协商后，让学生写下自己的感受和收获，思考如何改进。

集体分享：组织全班分享协商经验，表彰优秀协商案例，鼓励相互学习。

日记写作：要求学生记录协商过程及感受，作为反思的依据。

展示交流：通过班级展示、口头报告等形式，让学生分享协商的经验。

3. 教学评价与反馈

(1) 过程性评价

参与度与态度：评估学生在协商过程中的参与度、倾听态度、同理心表现等。

策略运用：观察并记录学生在协商中运用策略的情况，评估其灵活性和有效性。

(2) 结果性评价

协商成果：根据协商结果评估学生的协商能力，包括达成共识的质量、解决方案的可行性等。

技能提升：对比学生训练前后的表现，评估其协商技能和团队协作能力的提升情况。

(3) 反馈与指导

即时反馈：在模拟协商过程中，即时给予学生反馈，指出其优点和不足，并提出改进建议。

总结会议：每次协商活动后组织总结会议，回顾协商过程，分享经验，并提出改进措施。

4. 教学反思与总结

(1) 知识掌握情况反思

分析学生对协商理论知识的掌握情况，识别学习难点，调整教学内容和方法。

(2) 表现问题剖析

总结学生在协商过程中出现的普遍性问题，如沟通障碍、情绪失控、策略不当等，分析原因并提出解决方案。

(3) 教学策略调整

根据反思结果，调整教学策略，如增加情景模拟的复杂性、引入更多互动环节、加强情绪管理训练等。

(4) 学习积极性激发

设计更具挑战性的协商任务，增加学生参与的成就感；引入游戏化元素，提高学生的学习积极性。同时，鼓励学生将协商技能应用于日常生活和学习中，形成持续的学习动力。

附 教学设计：《意见不同怎么办》

题目	《意见不同怎么办》		
课型	口语交际	授课对象	六年级
目标确立依据	课标分析	一、课标摘录 1. 听人说话认真、耐心，能抓住要点，并能简要转述。乐于表达，与人交流能尊重和理解对方。注意语言美，抵制不文明的语言。 2. 参与讨论，敢于发表自己的意见，说清自己的观点，表达有条理，语气、语调适当。 3. 引导学生分析证据和观点之间的联系，辨别总分、并列、因果等关系，有条理地表达自己的观点。 二、课标分解 1. 关于"乐于表达，与人交流能尊重和理解对方"。本次口语交际意在引导学生在面对不同意见时，能准确把握别人的观点，尊重不同意见，采用协商的方法解决，而不是强行要求别人同意自己的观点。 2. 关于"表达有条理"，即表达观点逻辑清晰，有理有据；关于"语气、语调适当"则强调在沟通交际上要尊重对方，态度平和。本次口语交际旨在引导学生进行"积极沟通"，以正面、积极、合作的态度参与到协商中去，遇到不同的意见要学会控制自己情绪，语气温和，不要冲动。 3. 根据单元特点，可将本单元任务群定位为"思辨性阅读与表达"，此任务群第三学段的学习内容为"学习有理有据地口头或书面表达自己的观点"。与本次口语交际训练要素一致。		
	教材分析	《意见不同怎么办》是统编版小学《语文》六年级上册第六单元的口语交际内容，引导学生在社会生活中面对不同意见时，可以采用协商的办法，通过阐述主张、换位思考、共同协商，寻求比较合理的解决办法。教材提供了"春节到底该不该燃放烟花爆竹"和"要路还是要树"两个事例，契合单元主题——保护环境。 教材分别从听和说两方面提出如何进行这次口语交际：从说的角度，学生要确定自己的角色，阐述自己的主张，做到有理有据；从听的角度，听到不同意见时要"换位思考"。 "小贴士"部分，提示了本次交际活动的两个要点。一是听的时候如何把握别人的观点——要全面、准确，围绕这一点教材还指出了两个容易出现的问题：对别人的观点把握不够全面，断章取义；产生误解，歪曲了别人的意思。二是从应对态度方面提出两个要求——交际礼仪：尊重对方、态度平和；语言表达：以理服人。		

续上表

目标确立依据	学情分析	学生基础点：学生在沟通交流方面已经掌握了一定的技巧，并且通过单元学习，习得"抓住关键句，把握文章的主要观点"。 学生障碍点：容易出于自己的主观看法，而忽略对方真正想表达的意思，只从对方的话语中去提取对自己有利的信息。 学生生长点：学会站在别人的角度看待问题，考虑到别人意见的合理和可取之处，在坚持自己基本观点的基础上做出适当让步。
学习目标		1. 表达观点时，要简洁明了，有理有据。 2. 和别人协商事情，能准确把握别人的观点，不歪曲，不断章取义。 3. 尊重不同意见，讨论问题时，态度要平和，以理服人。
评估任务		1. 通过课前搜集资料，辅以"小锦囊"提供的方法：有事实依据、引用名人名言或依据有关规定，以便有理有据地陈述观点；运用便利贴让学生进行简单的书面表达，对阐述的理由进行分类，使表达观点更加简洁明了，有条理。（对应学习目标1） 2. 通过肯定别人观点的合理之处，再委婉地提出自己的观点，并在坚持自己基本观点的基础上做出适当让步，达成协商。（对应学习目标2、3）
情境创设与任务框架		学习情境⇩　学习任务⇩　学习活动⇩　学习内容⇩ 环保倡议献计策 绿美少年在行动 任务一 环保新生代 绿美行动一起来 —— 1.单元导引课——绿美行动召集令 —— 树立身边榜样力量，激发环保行动热情，为"绿美"行动助力 单元生字词闯关赛 任务二 积极思考者 倡议巧思从文来 —— 2.社区之美我来说 —— 学习《古诗三首》《三黑和土地》，感知自然之美，人与自然相依存。回首社区，发现人与自然和谐的醉美时光 —— 3.社区困境我来读 —— 学习《只有一个地球》，观照社区环保困境，学习表达方法，倡议以理服人，以情动人 —— 4.社区解困有妙招 —— 学习《青山不老》《意见不同怎么办》，走进社区寻找护绿使者，寻求解困妙招，为倡议书献计策 任务三 创意行动者 发出倡议护家园 —— 5.走进社区我实践 —— 综合实践活动，走进社区、宣读倡议、开展行动，校一家一社联动，推动社区环保活动

续上表

教学环节	教学过程		
	教师活动	学生活动	评价要点
任务一：创设情境明确矛盾	1. 情境导入：出示卡片《社区困境我来谈》。师：这是其中一位同学填写的观察卡，你们赞同他的观点吗？为什么？ 2. 补充古诗《元日》，让学生更进一步明晰"爆竹"在中国悠久的历史，并出示因"爆竹"带来危害的图片。 3. 出示教材，指导审题。	1. 通过阅读《社区困境我来谈》卡片，形成初步观点。 2. 学生汇报。 （1）预设：赞同＋理由齐读古诗《爆竹》。 （2）预设：不赞同＋理由观看图片，直观感受到"爆竹"带来的危害。 3. 审题，圈画关键信息，找出矛盾点。	初步感知燃放"爆竹"的利与弊。学生能够运用"观点＋理由"的表达方式发言。爆竹能带来喜庆气氛，但在环保安全等方面存在很多问题。
设计意图	聚焦春节烟花爆竹燃放话题，结合单元情境创设交际情境：就"春节到底该不该燃放烟花爆竹？"出现了不同意见，该如何解决？营造真实的交际氛围，引导学生通过"观点＋理由"的程式初步尝试有理有据说观点。		
任务二：同质讨论说清观点	1. 小组讨论，引导学生选出小组的发言人和书记员。 2. 出示表格，指导填写。 3. "行业"代表汇报交流，其他学生认真倾听。 4. 引导学生明确汇报要求：亮明身份＋突出观点＋说明理由。 5. 引导学生归类整理理由。	1. 小组内民主推选发言人和书记员。课前抽签选定角色：普通市民、消防队员等，依据学习单，每个组员从角色出发阐述看法。 2. 书记员简洁明了记录理由，填入表格中。 3. 发言人汇报，同阵营的边听边思考，可以补充；相反阵营的边听边找漏洞，以便反驳。 4. 归类整理后再次汇报，明确归纳发言更清晰有条理。	1. 能够依据表格，简洁阐述理由。 2. 组内研讨后完成表格填写，筛选理由。 3. 借助表格，运用"亮明身份＋突出观点＋说明理由"的方式阐述。

续上表

设计意图	课前确定角色，有目的地搜集相关资料，为课中阐明观点做准备；课中讨论，合作交流，为后续各方协商时准确表达角色意见做准备；在学生汇报的过程中，引导其对陈述的理由进行归类整理，让学生自主建构，使归纳发言更清晰、有条理。		
任务三：异质交流求同存异	1. 组织交流，引导学生尝试说服对方。 2. 生成表达程式：肯定他人合理之处＋委婉提出自己观点＋理由。 3. 协商需要注意什么？ 4. 引导学生构建评价表格。 5. 引导关注双方表格，提出合理化的建议。 6. 分类整合建议。	1. 有理有据表明观点，尝试说服对方。 2. 明确当意见出现分歧时，需要通过协商解决。 3. 协商注意事项：态度要好；合理采纳他人的意见；阐述理由要有条理。依据教材，构建评价表格。 4. 同质讨论，提出合理的修改建议。发言人汇报。 5. 整合建议，达成共识。 6. 进一步感受"协商"意义。明确协商在生活中无处不在。	1. 学生在表达的过程中能够先肯定别人的合理之处，再委婉地提出自己的观点，学会换位思考。 2. 针对对方提出的不足之处，提出合理化建议。
设计意图	学生通过合作学习和协商体验不断历练辩证思维。在求同存异中建立协商思维，感受民主意识。通过补充政策新闻，让"协商"走进生活，进一步加深学生对"协商"意义的认识。		
板书设计	口语交际——意见不同怎么办？ ↓ 协商 ↓ 有理有据　有礼有节		

三、课本剧表演

在核心素养导向的小学与初中衔接的语文教学背景下，依据《义务教育语文课程标准（2022年版）》的要求，课本剧表演与语言艺术的学习旨在进一步提升学生的文本理解能力、语言表达能力以及情感表达能力。本案例的具体教学目标包括：

1. 教学目标

文本理解深化：通过课本剧表演活动，引导学生深入理解课文内容、情节发展和角色性格。

语言表达能力提升：训练学生准确、生动地运用语言，提高口头表达的流畅度和感染力。

情感传递能力：培养学生通过课本剧表演准确传递角色情感，增强情感共鸣和表达效果。

团队合作能力：在课本剧排练和表演过程中，提升学生的团队协作和沟通能力，为初中学习打下良好基础。

2. 教学内容与方法

（1）课本剧选择与角色分配

课本剧选择：依据学生的年龄和认知水平，精选教材中的经典篇章或适合改编成课本剧的课文。

角色分配：充分考虑学生的兴趣、特长和性格特点进行角色分配，确保每位学生都能找到适合自己的角色并积极参与表演。

（2）台词理解与表达训练

深入理解：引导学生分析课文情节、角色性格和台词背后的情感与意图。

表达训练：通过朗读、模仿、情境景拟等方式，训练学生准确表达台词的情感和态度，注重语音语调的变化和情感的真实传递。

（3）表演技巧指导与排练

课堂指导：传授基本的表演技巧，如肢体语言、面部表情管理、声音控制等。

课余排练：在技巧指导的基础上，课余组织学生进行多次排练，逐步熟悉台词和动作，提升表演的自然度和感染力。

（4）场景布置与道具准备

动手实践：引导学生参与场景布置和道具准备，培养他们的实践能力和审美情趣。

场景氛围：通过精心设计的场景布置和道具，营造课本剧所需的场景氛围，增强学生的表演体验。

（5）正式表演与观众互动

正式表演：组织学生进行正式的课本剧表演，邀请其他班级、家长或科任老师作为观众，为学生提供真实的表演环境。

观众互动：表演结束后，安排观众与演员进行互动，如提问、点评、分享感受等，增强学生的表演自信心和成就感。

3. 教学评价与反馈

（1）过程性评价

参与度观察：记录学生在剧本讨论、台词排练、场景布置等过程中的参与度。

努力程度评估：评价学生在准备表演过程中所付出的努力，如台词记忆的准确性、排练的积极性等。

（2）结果性评价

表演能力评估：通过正式表演，综合评价学生的语言表达、情感传递和团队合作等方面的能力。

能力提升评估：对比学生在表演前后的表现，评估其在语言艺术和表演技巧方面的提升情况。

（3）观众反馈

收集意见：向观众收集对表演的意见和建议，作为改进教学的参考依据。

反馈应用：将观众反馈融入后续的教学设计中，不断优化课本剧内容和表演形式。

（4）学生自评与互评

自我反思：引导学生对自己的表演进行反思和评价，认识自己的优点和不足。

相互学习：鼓励学生相互评价和借鉴，促进彼此之间的学习和进步。

4. 教学反思与总结

理解程度反思：分析学生对课文和角色的理解程度，识别是否存在理解上的困难或偏差，并制定相应的补救措施。

表演技巧运用：评估学生在表演过程中是否充分运用了所学的语言艺术和表演技巧，分析需要加强训练的地方。

团队合作顺畅度：反思团队合作的顺畅度，识别沟通或协调上的问题，并提出改进策略。

兴趣激发：探索更多元化的教学手段和活动形式，如设置奖励机制、举办课本剧节等，以进一步激发学生的兴趣，促进小初衔接的平稳过渡。

附　教学设计：《两小儿辩日》

【教学目标】

文本理解深化与文化自信：通过课本剧表演活动，引导学生深入理解《两小儿辩日》的故事内容、情节发展和角色性格，增强对中国古代文化的认知和自信。

语言表达提升与语言运用：训练学生准确、生动地运用古汉语和现代汉语，通过具体的事例说明观点，提高口头表达的流畅性和感染力。

情感传递能力与思维能力：培养学生通过课本剧表演准确传递角色情感，运用逻辑思维和辩证思维分析两小儿的观点，增强情感共鸣和提升表达能力。

团队合作能力与审美创造：在课本剧排练和表演过程中，提升学生的团队协作和沟通能力，通过舞台布置和道具准备培养学生的审美情趣和创造力。

【教学内容与方法】

1. 剧本选择与角色分配

剧本选择：使用《两小儿辩日》原文作为表演剧本，进行适当改编以适合课本剧表演，突出用具体事例说明观点的部分。

角色分配：分配角色包括两个小儿（小儿甲、小儿乙）、孔子及其他可能的旁白或辅助角色。根据学生的兴趣和特长进行分配，确保每位学生都能找到适合自己的角色。

2. 台词理解与表达训练

深入理解：引导学生分析剧本中的情节、角色性格和台词背后的情感与意图，特别是古汉语的表达和用具体事例说明观点的方式。

表达训练：通过朗读、模仿、情景模拟等方式，训练学生准确表达台词的情感和态度，注重语音语调的变化和情感的真实传递。

场景一：两小儿相遇，开始辩论

小儿甲（得意洋洋）：嘿，你知道吗？我觉得太阳刚出来的时候离人近，而中午的时候离人远。

小儿乙（不屑一顾）：哼，你说得不对！我明明觉得太阳刚出来的时候离人远，中午的时候才离人近呢。

场景二：两小儿各自陈述理由

小儿甲（手舞足蹈）：你看，太阳刚出来的时候像车盖那么大，到了中午就像盘盂那么小，这不是因为近大远小的道理吗？

小儿乙（摇头晃脑）：不对不对，太阳刚出来的时候凉飕飕的，到了中午就热得像火烤一样，这不是因为近热远凉的道理吗？

场景三：孔子路过，两小儿请教

小儿甲（恭敬地）：孔子先生，您是大智者，请您评判一下，我们谁说得对？

小儿乙（期待地）：是啊，孔子先生，您一定能给我们一个公正的答案。

孔子（微笑）：你们两个说得都有道理，但我也不能判断谁对谁错。宇宙之大，知识无穷，我们还是要保持谦逊和求知的态度啊！

场景四：两小儿恍然大悟

小儿甲（恍然大悟）：原来如此，我们真是太片面了，应该多听听别人的意见。

小儿乙（点头赞同）：是啊，孔子先生说得对，我们要保持谦逊和求知的态度，才能不断进步。

3. 舞台布置与道具准备

动手实践：引导学生参与舞台布置和道具准备，如古代服饰、背景画等，培养他们的实践能力和审美情趣。

场景氛围：通过精心设计的舞台布置和道具，营造古代辩论的场景氛围，增强学生的表演体验。

4. 正式表演与观众互动

正式表演：组织学生进行正式的课本剧表演，邀请其他班级或学校领导作为观众。

观众互动：表演结束后，安排观众与演员进行互动，如提问、点评、分享感受等，增强学生的表演自信心和成就感。

【教学评价与反馈】

（1）过程性评价。

参与度观察：记录学生在剧本讨论、台词排练、舞台布置等过程中的参与度。

努力程度评估：评价学生在准备表演过程中所付出的努力，如台词记忆的准确性、排练的积极性等。

（2）结果性评价。

表演能力评估：通过正式表演，综合评价学生的语言表达、情感传递和团队合作等方面的能力。

能力提升评估：对比学生在表演前后的表现，评估其在语言艺术和表演技巧方面的提升情况，特别是用具体事例说明观点的能力。

（3）观众反馈。

收集意见：向观众收集对表演的意见和建议，作为改进教学的参考依据。

反馈应用：将观众反馈融入后续的教学设计中，不断优化表演内容和形式。

（4）学生自评与互评。

自我反思：引导学生对自己的表演进行反思和评价，认识自己的优点和不足。

相互学习：鼓励学生相互评价和借鉴，促进学习和进步。

【教学与反思总结】

理解程度反思：分析学生对《两小儿辩日》剧本和角色的理解程度，特别是他们如何用具体事例说明观点，识别是否存在理解上的困难或偏差，并制定相应的补救措施。

表演技巧运用：评估学生在表演过程中是否充分运用了所学的语言艺术和表演技巧，特别是用具体事例说明观点的能力，分析需要加强的训练方面。

团队合作顺畅度：反思团队合作的顺畅度，识别沟通或协调上的问题，并提出改进策略。

兴趣激发：探索更多元化的教学手段和活动形式，如设置奖励机制、举办"课本剧节"等，以进一步激发学生的兴趣，特别是在文化自信、语言运用、思维能力与审美创造方面的兴趣和积极性。

通过深入的教学反思与总结，不断优化课本剧表演与语言艺术的教学策略和方法，以更好地提升学生的语言表达、情感传递、团队合作能力以及文化自信、思维能力和审美创造。

《两小儿辩日》课本剧表演评价量表

评价维度	评价内容	分值
语言表达与运用能力	台词清晰、流畅	🏆🏆🏆
	用具体事例说明观点	🏆🏆🏆
角色表现与塑造能力	符合角色形象有表现力	🏆🏆🏆
团队合作与协调能力	角色之间配合默契	🏆🏆🏆

四、综合性学习活动

1. 教学目标

在核心素养导向的语文教学背景下，综合性学习活动案例旨在通过设计与实施综合性学习活动，提升学生的语文综合运用能力、跨学科学习能力和问题解决能力，同时培养学生的创新思维、批判性思维和团队合作能力。活动将紧密围绕新课标要求，注重学生的主体性和实践性，促进学生全面发展。

2. 教学内容与方法

（1）主题确定与资源整合

教师需要选定一个既具有现实意义又具备跨学科特性的主题，如"环保行动与可持续发展探究""地域文化的传承与创新"等。在确定主题后，教师应整合语文、历史、地理、科学等多学科资源，形成一套丰富、多维度的学习材料，以支持学生的深入学习和探究。

（2）任务设计与分组合作

根据所选主题和学习目标，教师应设计一系列具有挑战性和实践性的任务，如环保项目策划、地域文化调研报告撰写、创意文化产品设计等。学生应根据自己的兴趣、特长和能力进行分组，每组选择一个或几个任务进行深入探究。

（3）实践探究与成果展示

在分组合作的基础上，学生应开展实地考察、访谈调查、资料收集与分析等实践探究活动。通过实践，学生将所学知识应用于实际问题的解决中，形成初步的成果。成果展示形式应多样化，包括研究报告、创意作品展览、表演演出等，以便学生充分展示自己的学习成果。

（4）评价反馈与总结提升

在活动过程中，教师应及时给予学生评价反馈，关注其在学习态度、合作能力、创新思维等方面的表现。同时，引导学生进行自我评价和同伴互评，促进彼此之间的学习和进步。活动结束后，教师应组织学生进行总结，回顾整个活动过程，提炼经验教训，为今后的学习提供借鉴。

3. 教学评价与反馈

（1）过程性评价

关注学生的参与度、实践探究过程中的表现以及团队合作情况。具体评价内容包括学生是否积极参与讨论、是否认真完成任务、在团队中是否发挥了积极作用等。

（2）结果性评价

通过学生的成果展示来评价其语文综合运用能力、跨学科学习能力和问题解决能力的提升情况。具体评价内容包括学生的研究报告质量、创意作品的创新性、表演的表现力等。

（3）反馈与指导

及时给予学生反馈和指导，肯定其优点和进步，指出其不足和需改进地方。同时，鼓励学生之间相互学习和借鉴，共同进步。教师还应根据学生的表现和需求，调整教学策略或增加教学内容，以满足学生的学习需求。

4. 教学反思与总结

在实施综合性学习活动后，教师应进行深入的反思和总结：

（1）活动主题是否具有现实意义和跨学科特点？是否有效激发了学生的兴趣？

（2）任务设计是否具有挑战性和可操作性？是否充分考虑了学生的兴趣和能力差异？

（3）学生在实践探究过程中的表现如何？是否存在普遍性的问题需要重点关注和解决？

（4）教师的教学方法和手段是否有效提升了学生的语文综合运用能力和跨学科学习能力？是否需要调整教学策略或增加教学内容？

通过反思和总结，教师可以不断优化综合性学习活动的教学策略和方法，以更好地促进学生的全面发展。同时，也可以为今后的教学提供有益的借鉴和参考。在未来的教学中，教师应继续探索和创新综合性学习活动的设计与实施方式，以更好地满足学生的学习需求和发展目标。

附　教学设计：《奋斗的历程》

题目	\multicolumn{3}{c}{《奋斗的历程》}		
课型	综合性学习		授课对象	六年级
目标确立依据	课标分析	\multicolumn{3}{l}{新课标明确指出："语文综合性学习有利于学生在感兴趣的自主活动中全面提高语文素养，是培养学生主动探究、团结合作、勇于创新精神的重要途径，应积极提倡。"这一表述突出了综合性学习在促进学生全面发展、培养综合素养方面的重要作用。 综合性学习有以下特点：一是融通性，学科内综合运用多种语文知识和能力，解决综合性的语文问题；或是跨学科渗透，以语文学科为主，进行跨学科的渗透，体现融通性。二是自主性，鼓励学生多角度切入，形式限制较少，答案不作统一规定，鼓励有创意的设计和语言表达。三是活动性，综合性学习要求学生关注生活、关注实践，学会发现并解决实际问题，考查学生开展语文活动、完成实际任务的能力。四是语文性，设计的活动必然是立足于语文学科的，能够充分体现语文工具性的实践过程，考查学生语文的知识积累和能力迁移的水平。 新课标提倡综合性学习应以问题为中心，以活动为主要形式，通过综合性的学习内容和综合性的学习方式，促进学生语文综合素养的全面提高。 具体实施方式包括：注重兴趣的培养，活动的内容和形式要新颖、有趣、富有吸引力，以激发学生对活动的兴趣。体现实践性原则，强调学生的实践活动和亲身经历，引导学生在生活实践和社会实践中学语文、用语文。在学习中放手让学生自主参与，鼓励学生自主选择学习方式，进行自主探究或合作交流。通过创设特定的情境，让学生在活动中乐意参与，提高学习效果。}		

续上表

目标确立依据	教材分析	一、教材背景与主题 六年级下册第四单元的综合性学习主题为"奋斗的历程",这一主题紧密围绕新课标中强调的"理想信念"教育展开,旨在通过一系列实践活动,加深学生对中国共产党伟大奋斗历程的认识和感受,培养学生的爱国情怀和革命精神。本单元通过丰富的阅读材料和活动建议,将语文学习与历史、政治等多学科内容有机融合,体现了新课标要求的综合性与实践性。 二、教材结构与内容 教材内容主要由"活动建议"和"阅读材料"两部分组成: 1. 活动建议: 开展阅读分享会:组织学生阅读七篇革命文化题材的文章,分享阅读感受和收获,交流阅读方法。这一活动旨在引导学生综合运用学过的阅读方法,深入理解文章的思想感情。 制作小诗集:分类查找红色诗词,感受其蕴含的革命情怀,并合作制作小诗集。此活动不仅锻炼学生的资料搜集和整理能力,还培养了他们的团队合作精神和审美能力。 写一写自己的心愿:引导学生从革命故事中继承光荣传统,表达自己对未来的美好心愿。这一环节旨在激发学生的表达欲望,培养他们的写作能力和情感表达能力。 2. 阅读材料: 教材选取了七篇具有代表性的革命文化题材文章,如《毛主席在花山》《十里长街送总理》《飞夺泸定桥》《狱中联欢》等,这些文章从不同角度展现了革命领袖和革命导师的崇高品质,歌颂了革命先烈的英勇无畏和牺牲精神。这些材料不仅为学生提供了丰富的阅读素材,也为他们深入理解革命历史提供了有力支撑。

		续上表
目标确立依据	学情分析	1. 学习基础点： （1）学生在之前的语文学习中已经积累了一定的阅读方法和写作技巧，这为本次综合性学习提供了基础。部分学生已经具备了一定的自主阅读和合作探究的能力，能够在教师的引导下进行较为深入的文本解读。 （2）学生对中国革命历史有一定的了解，但可能较为零散，需要通过本次学习进行系统化。部分学生对中国革命历史抱有浓厚的兴趣和好奇心，愿意通过本次学习深入了解。 （3）大部分学生在之前的语文实践活动中已经锻炼了一定的资料搜集、整理和表达能力。 2. 学习障碍点： （1）部分学生可能对革命历史题材的文本感到陌生，难以深入理解其中的思想感情。学生在阅读过程中可能缺乏系统的阅读策略，导致阅读效率低下。 （2）学生在搜集红色诗词等资料时可能面临信息量大、筛选困难的问题。部分学生在整理资料时可能缺乏条理性和逻辑性。 （3）学生在表达自己的心愿时可能缺乏创意和深度，难以将个人情感与革命历史相结合。部分学生在写作过程中可能遇到语言表达不准确、结构不清晰等问题。 3. 学习生长点： （1）通过本次学习，学生可以掌握更多针对革命历史题材文本的阅读策略，提高阅读理解能力。学生在深入解读文本的过程中可以培养批判性思维和创造性思维。 （2）资料搜集与整理能力的增强。学生可以学会如何有效地搜集和筛选红色诗词等资料，提高信息处理能力。 （3）通过制作小诗集等活动，学生可以锻炼资料整理和呈现的能力。 （4）学生在表达自己的心愿时可以学会如何将个人情感与革命历史相结合，提高情感表达能力。通过写作实践，学生可以提升语言表达的准确性和结构的清晰性。

续上表

学习目标	【学习目标】 1. 学生能综合运用学过的阅读方法阅读"阅读材料",深入体会文章的思想感情。能搜集、研读红色诗词,合作制作小诗集,提高资料搜集和整理能力。 2. 学生能选择适合的材料和方式表达自己的心愿,提高写作能力和情感表达能力。 3. 通过阅读分享会、制作小诗集等活动,培养学生的自主学习能力和合作交流能力。 4. 引导学生通过实践活动加深对革命历史的理解,培养其爱国情怀和革命精神。激发学生对革命先烈的崇敬之情,培养其爱国情怀和民族自豪感。引导学生树立远大理想,培养其高尚的道德情操和坚定的理想信念。 【教学重难点】 1. 综合运用学过的阅读方法阅读"阅读材料",和同学分享阅读收获;围绕"奋斗的历程",用通顺、流利的语言描述自己的心愿。 2. 通过活动加深对中国共产党伟大奋斗历程的认识和感受;选择适合的材料,展开想象,用自己喜欢的方式表达自己的心愿。
评估任务	任务一:阅读分享与心得撰写 学生需要阅读七篇革命文化题材的文章,然后结合自己的生活实际,谈谈阅读后的感受和启发。语言表达要流畅和准确。 任务二:红色诗词小诗集制作与展示 学生需要分组搜集红色诗词,并进行分类整理。每组制作一本小诗集并进行班级展示。搜集的诗词应具有代表性和典型性,能够反映革命历史的不同方面。小诗集的制作应体现创意和美感,包括封面设计、目录编排、内容排版等。展示时应能够清晰介绍小诗集的特点和制作过程,以及搜集诗词的感悟和收获。 任务三:心愿写作与分享 学生需要写一篇关于自己心愿的文章。文章应结合革命历史,体现对未来的美好憧憬和奋斗精神。心愿应具有创意和深度,能够体现学生的个性和思考。文章应结构清晰,语言流畅,能够准确表达自己的思想感情。鼓励学生在班级分享自己的心愿文章,接受同学的提问和点评。

续上表

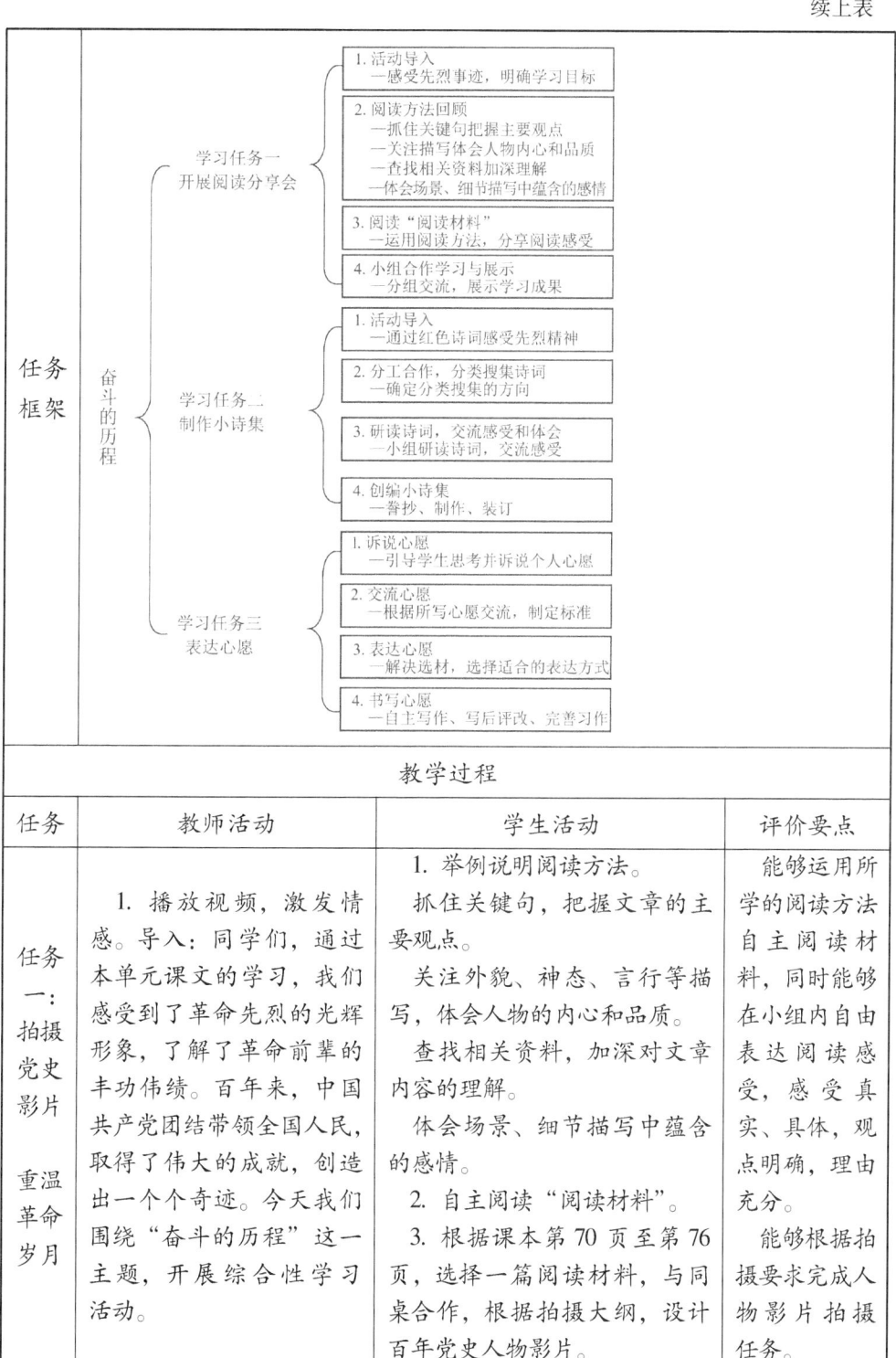

任务	教师活动	学生活动	评价要点
任务一：拍摄党史影片 重温革命岁月	1. 播放视频，激发情感。导入：同学们，通过本单元课文的学习，我们感受到了革命先烈的光辉形象，了解了革命前辈的丰功伟绩。百年来，中国共产党团结带领全国人民，取得了伟大的成就，创造出一个个奇迹。今天我们围绕"奋斗的历程"这一主题，开展综合性学习活动。	1. 举例说明阅读方法。 抓住关键句，把握文章的主要观点。 关注外貌、神态、言行等描写，体会人物的内心和品质。 查找相关资料，加深对文章内容的理解。 体会场景、细节描写中蕴含的感情。 2. 自主阅读"阅读材料"。 3. 根据课本第70页至第76页，选择一篇阅读材料，与同桌合作，根据拍摄大纲，设计百年党史人物影片。	能够运用所学的阅读方法自主阅读材料，同时能够在小组内自由表达阅读感受，感受真实、具体，观点明确，理由充分。 能够根据拍摄要求完成人物影片拍摄任务。

续上表

任务一：拍摄党史影片 重温革命岁月	2. 出示阅读要求，布置阅读任务。 3. 分组开展阅读活动，完成百年党史人物影片拍摄任务。	4. 出示拍摄标准： 片名表达中心☆☆☆ 素材符合主题☆☆☆ 场景设计合理☆☆☆ 人物形象鲜明☆☆☆ 5. 分组交流，展示学习成果。评选最佳影片。	能够运用所学的阅读方法自主阅读材料，同时能够在小组内自由表达阅读感受，感受真实、具体，观点明确，理由充分。 能够根据拍摄要求完成人物影片拍摄任务。
设计意图	旨在通过引导学生阅读党史材料、合作拍摄人物影片，激发他们对党的奋斗历程和革命前辈丰功伟绩的兴趣与敬仰，同时培养他们的自主阅读能力、团队合作精神和多媒体创作技能，以期在实践中深化对党史的理解，增强民族自豪感和责任感。		
任务二：制作红色诗集歌颂奋斗精神	1. 活动导入：同学们，了解革命事件，感受革命先烈的光辉形象，除了阅读有关红色主题的文章，我们还可以学习红色诗词。 2. 课件出示部分红色诗词。 3. 组织学生进行红色诗词配乐朗诵比赛。 4. 组织学生进行红色诗词插画比赛。	1. 分工合作，分类搜集诗词。 2. 完成红色诗词收集表。小组内根据表格研读诗词，交流感受和体会。 | 诗词题目 | 收集途径（打"√"）： | | 诗词内容 | □从书刊中摘抄 | | 诗词作者 | □请别人推荐 | | 诗歌背景 | □借助网络搜索 | | 诗词精神 | □其他_____ | 3. 创编小诗集。 （1）统一格式，认真誊抄。 （2）根据内容，制作目录。 （3）绘制封面，装订成册。 4. 小组挑选红色歌曲进行配乐诗朗诵。 5. 设计诗词封面插图，体现诗词主题。	能够根据表格内容完成红色诗词收集任务。 能够根据要求设计红色诗集，并为诗集配插图。

续上表

设计意图	通过提问的方式引出学生对红色诗词的回忆，然后通过动手搜集、讨论、制作等一系列活动完成学习任务，既锻炼了学生的动手能力，又在交流讨论中获得了更深的感悟。		
任务三：设计展厅显示奋斗历程	1. 出示展厅设计要求，指导学生根据要求进行展厅设计。 2. 出示标准： 展厅内容符合主题☆☆☆ 展厅设计理由充分☆☆☆ 展厅相关资料准确☆☆☆	1. 学生根据设计要求自主设计展厅，可以是书法展厅，绘画展厅，文物展厅，雕塑展厅等。 2. 根据展厅评比标准，小组内进行评比，推选最佳展厅设计者全班进行汇报展出。 3. 设计师的内心世界：请写下整个学习过程中的感悟。	能够根据要求进行展厅的设计与布展。
任务四：诉说心愿一颗红心永向党	1. 诉说心愿：你的心愿是什么。 2. 引导学生书写心愿。教师巡视，相机指导。 3. 交流心愿。 4. 表达心愿。 5. 展示案例，帮助学生解决选材问题。 6. 出示案例，全班交流教师指导。 7. 指导选择合适的方式进行表达。 8. 教师小结：我们在写心愿的时候，一定要学会根据想要表达的内容和表达的对象，选择适合的方式进行表达。 9. 指导学生修改。	1. 同桌互相诉说心愿。 2. 学生书写自己的心愿。 3. 根据所写的心愿进行小组内交流。 4. 小组内将心愿分为"个人、家庭、社会"三类。 5. 谈谈自己最想表达的心愿。 6. 归纳选择"心愿"的标准：最想交流的，选材最丰富的，最想实现的。 7. 阅读他人的心愿，了解心愿内容。 8. 小组讨论，全班交流。 9. 讨论用不同方式表达的原因。 10. 根据表达对象和内容，选择适合的方式进行表达。 11. 对于表达方式不合适的，出示范文，提出修改建议。 12. 自主写作后，同桌根据评价标准，互相提出修改建议。 13. 修改完善习作，评选优秀习作。	学生能够根据习作标准，写真话，抒真情，心愿的价值取向体现正能量。

续上表

设计意图	让学生充分地表达出自己的心愿，使学生有话可说，喜欢说，愿意说，为接下来的习作环节做好铺垫。出示范文为学生写作提供具体参考，这样既照顾了基础较差的学生的心理，也有利于帮助写作能力较强的学生发散思维。
板书设计	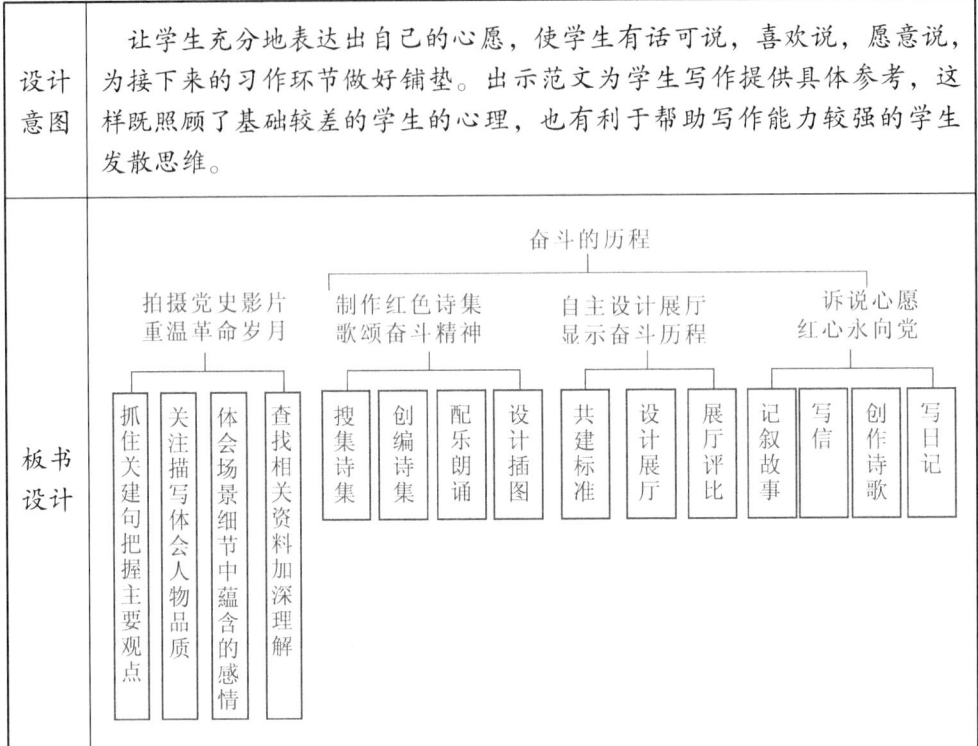

第十章 教学反思与教师专业发展

一、素养导向下语文教师专业发展的新挑战

1. 核心素养导向下的视域扩展要求

在核心素养导向下,语文教师面临着视域扩展的新要求。这主要体现在跨学科知识整合和信息技术融合两个方面。新课标强调,语文教育不再局限于传统的语言、文字教学,而是要与其他学科如历史、地理、艺术等进行有机融合,以培养学生的综合素养。例如,在讲解古诗词时,教师可以结合历史背景、地理环境和艺术创作,使学生更全面地理解作品内涵。

同时,信息技术在语文教学中的应用也日益重要。新课标提倡利用信息技术手段丰富教学资源,创新教学方式。语文教师需要掌握现代信息技术,如多媒体课件制作、网络教学平台使用等,以提供更加生动、互动的学习环境。例如,利用虚拟现实技术重现文学作品场景,使学生身临其境地感受文本情感。

2. 统整能力的提升

在语文教学中,实现知识与技能、过程与方法、情感态度与价值观的统一,是语文教师必备的重要能力。新课标强调,语文教学不仅要传授知识,更要培养学生的思维能力、学习方法和情感态度。因此,语文教师需要具备高度的统整能力,将这三个维度有机地结合在一起。

例如,在讲解阅读技巧时,教师不仅要教授具体的阅读方法,还要引导学生通过实践运用这些方法,同时在阅读过程中培养学生的批判性思维和审美情感。这样,学生才能在掌握阅读技能的同时,形成积极的阅读态度和价值观。

3. 综合性素养的提升

核心素养导向下,语文教师还需要不断提升自身的综合性素养。这包括批判性思维、创新能力和终身学习能力等方面。新课标强调,教师要成为学生学习的引导者和合作者,必须具备这些素养才能有效地促进学生发展。

批判性思维是语文教师必备的重要素养。在面对各种教学资源和信息时,教师需要具备批判性眼光,筛选出有价值的内容传授给学生。同时,在语文教学中也要培养学生的批判性思维,使他们学会独立思考、质疑和反思。

创新能力也是语文教师不可或缺的一部分。新课标鼓励教师创新教学方式和方法,以适应不同学生的学习需求。例如,可以尝试采用项目式学习、合作学习等新型教学模式,激发学生的学习兴趣和创造力。

最后,终身学习能力对于语文教师来说至关重要。随着教育理念和技术的不断发展变化,教师需要不断更新自己的知识和技能。通过参加专业培训、阅读教育前沿文献等方式,教师可以不断提升自己的专业素养和教学能力。

在核心素养导向下，语文教师面临着视域扩展、统整能力提升和综合性素养提升等新挑战。只有不断适应这些变化并努力提升自己的专业素养和教学能力，才能更好地促进学生核心素养的发展。

二、教师专业发展的路径与策略

在核心素养导向下，语文教师的专业发展面临着新的挑战，但同时也孕育着新的发展机遇。为了有效回应这些挑战，教师需要探索并实践一系列专业发展路径与策略，包括持续学习、教学实践、同行交流、参与研究等多方面，以全面提升自身的专业素养和教育教学能力。

1. 路径

（1）政策导向下的专业发展

紧跟教育政策：教师应密切关注教育部发布的新课标等最新政策文件，理解核心素养的内涵与要求，将政策精神融入日常教学设计与实施中。

定期组织教师政策学习研讨会，邀请教育专家解读最新政策，确保每位教师都能准确理解并应用。

鼓励教师将政策要求转化为具体的教学行为，如设计基于核心素养的教学活动。

参与项目引领：积极参与由教育部门主导的教师专业发展项目，如"国培计划""省培计划"等，通过项目驱动，系统提升专业素养。

积极申报并参与各级各类专业发展项目，将项目成果与教学实践相结合。建立项目成果分享机制，促进教师之间的经验交流与共享。

（2）校际与区域协作

①校际联动：建立校际教研联盟，定期举办联合教研活动，通过同课异构、教学观摩等形式，共享优质教育资源，促进教学方法的交流与优化。

制定校际联动计划，明确每学期或每学年的联动主题与活动安排。

建立校际教研资源库，共享优质教学设计和教学案例。

②区域协作：参与区域性的教师专业发展共同体，利用区域教育资源优势，开展跨校际的课题研究和教学成果展示，拓宽专业视野。

积极参与区域性的教学研讨会和成果展示会，分享自己的教学经验和研究成果。与其他区域的教师建立联系，开展跨区域的交流与合作。

（3）多元化在职培训

①精准培训：参加针对小初衔接阶段语文深度阅读教学的专项培训，学习先进的阅读教学理念和策略，提升阅读教学的针对性和有效性。

根据自己的教学需求和短板，选择适合的培训课程和研修班。将培训内容与教学实践相结合，确保培训成果的有效转化。

②信息技术融合：利用在线教育资源，如网络研修平台、教育 APP 等，进行灵活多样的自主学习，掌握现代教育技术手段，提升信息化教学能力。

掌握并利用各种在线教育资源进行自主学习和研修。将信息技术手段融入课堂教学，提升教学效果和学生的学习兴趣。

2. 策略

（1）深度阅读与教学反思

①深度阅读专业文献：定期阅读教育学、心理学及语文阅读教学领域的专业书籍和期刊文章，了解最新研究成果，丰富自己的理论知识体系。

制定个人阅读计划，每月至少阅读一本专业书籍或数篇期刊文章。参与学校或区域的读书分享会，与同行交流阅读心得和体会。

②系统教学反思：坚持撰写教学反思日记，对每一堂阅读课进行深入剖析，记录成功经验和待改进之处，形成持续改进的教学循环。

每日或每周撰写教学反思日记，记录教学过程中的亮点和不足。定期开展教学反思研讨会，与同行分享反思成果并寻求改进建议。

（2）行动研究与案例开发

①微课题研究：结合教学实践，选择小切口、深挖掘的微课题进行研究，如"基于核心素养的小初衔接语文阅读策略"等，通过行动研究解决实际问题。确定一个微课题作为研究目标，制定详细的研究计划和实施方案。在教学实践中实施研究计划，收集数据并分析研究成果，将研究成果应用于教学实践。

②典型案例分析：开发并积累一批优秀阅读教学案例，通过案例分析提炼教学策略，形成可复制、可推广的教学模式。选择具有代表性的阅读教学案例进行深入研究和分析。提炼案例中的成功经验和教学策略，形成可推广的教学模式或教学设计。

（3）同伴互助与专家引领

①师徒结对：与资深教师或教学能手结成师徒关系，通过一对一指导，快速提升自己的教学技能和班级管理能力。积极参与师徒结对活动，与资深教师或教学能手建立互助关系。定期向师傅请教教学问题和困惑，接受师傅的指导和建议。

②专家讲座与工作坊：邀请语文教育专家来校讲座或参与工作坊，面对面交流，获取前沿教学理念和方法，解决教学中的困惑。积极参与学校或区域组织的专家讲座和工作坊活动。与专家进行面对面交流，请教教学中的问题和困惑，获取专业的指导和建议。

（4）持续学习与终身学习

①树立终身学习观：将学习视为职业生涯的一部分，保持对新知识、新技能的好奇心和学习热情，不断提升自己的综合素质。制定个人学习计划，明确学习目标和学习内容。利用各种学习资源和平台进行自主学习和研修，不断提升自己的专业素养和教育教学能力。

②跨学科学习：鼓励教师进行跨学科学习，如教育学、心理学、信息技术等，拓宽知识边界，促进教学的创新与融合。选择与自己教学相关的跨学科领域进行深入学习和研究。将跨学科知识与语文教学相结合，创新教学方法和手段，提升

教学效果和学生的学习兴趣。

教师专业发展的路径与策略应紧密结合政策导向、校际与区域协作、多元化在职培训等方面，同时注重深度阅读与教学反思、行动研究与案例开发、同伴互助与专家引领、持续学习与终身学习等策略的实施。通过这些路径与策略的具体化和细化，教师可以更加有针对性地提升自己的专业素养和教育教学能力，为素养导向下的小初衔接语文深度阅读教学提供有力支撑。

三、教学反思的重要性与方法

1. 教学反思的重要性与目的

教学反思是教师专业成长的核心环节，对于促进教师专业素养的提升、教学质量的优化以及增强教师的职业幸福感具有深远意义。在新课标及最新的教育部文件的指导下，新时代对老师提出了更高的要求，教学反思的目的与意义也更加明确。

促进教师专业发展：教学反思促使教师深入剖析自身的教学行为，明确教学中的优势与不足，从而为教师的专业成长指明方向，设定明确的发展目标。通过反思，教师可以不断更新教育观念，提升教学技能，以适应新时代教育的需求。著名教育家叶澜说过："一个教师写一辈子教案不一定成为名师，如果一个教师写三年教学反思可能成为名师。"这句话非常实在，其用意在于引导教师们要重视反思。

提高教学质量：教学反思有助于教师发现并解决教学中的问题，优化教学设计，确保教学更加贴近学生的学习需求和认知特点，显著提升教学效果。同时，反思还能帮助教师创新教学方法，提高课堂教学的吸引力和有效性。

增强教师的职业幸福感：通过教学反思，教师能够看到自己的教学改进带来的学生学业的进步，从而深刻体会到职业的成就感与幸福感。这种成就感和幸福感将激励教师更加热爱教育事业，积极投身于教学工作中。

实现教育目标。新时代的教育目标注重培养学生的综合素质和创新能力。教学反思有助于教师更好地理解和实施这些目标，通过不断改进教学实践，为学生的全面发展提供更好的支持。

2. 教学反思的方法

（1）撰写教学日志

每次教学后，详细记录教学过程中的关键事件、学生的反应、使用的教学策略及其效果。

设定固定时间回顾日志，运用数据分析工具对教学模式、学生互动及课堂管理等方面进行深入分析。

（2）观察与分析

观看自己的教学录像，注意语言使用、肢体动作、课堂节奏等细节，并运用微格教学等方法进行细致分析。

请同事或教学导师进行课堂观察，并提供具体、有针对性的反馈和建议。

分析学生作业和测试成绩，利用学习分析工具识别学习难点和常见错误，以便调整教学策略。

（3）开展行动研究

选择一个具体的教学问题或挑战作为研究主题，制定详细的研究计划。

收集相关数据（如学生作业、课堂观察记录、教学日志等），并运用科学的研究方法进行数据分析。

根据分析结果，设计并实施改进措施，跟踪改进效果，并根据需要进行调整。

（4）同行交流

定期参加校内或校际的教学研讨会，分享教学经验和挑战，与同行进行深度交流和探讨。

参与教学观摩活动，教师间互相学习教学技巧和方法，并进行现场点评和反馈。

加入教师社群或论坛，在线交流教学反思和心得，与更多教师分享经验和智慧。

（5）收集学生反馈

使用问卷调查和访谈工具，系统收集学生对教学内容、教学方法、课堂氛围等方面的反馈。

定期与学生进行个别访谈，深入了解他们的学习需求、困惑和建议。

观察学生在课堂上的非言语行为，如表情、动作等，以获取额外的反馈信息，并运用情感分析工具进行解读。

（6）自我评估与反思工具

使用教学标准或框架（如教学大纲、课程标准等）进行自我评估，明确自己的教学水平和发展方向。

制定个人发展目标，并定期检查达成情况，运用目标管理工具进行跟踪和提醒。

利用教学反思软件或应用程序记录和分析教学数据，生成可视化报告，帮助自己更直观地了解教学情况。

（7）阅读与研究

阅读教育心理学、教学法、课程设计等领域的最新研究文献，了解前沿的教学理念和实践。

参加教育研讨会或工作坊，与专家学者进行面对面交流，获取最新的教学资讯和灵感。

将所学知识与自己的教学实践相结合，进行创新尝试，并撰写教学案例或研究论文进行分享。

（8）建立个人学习网络

与其他学科的教师建立联系，了解不同学科的教学方法和策略，进行跨学科交流与合作。

寻求教学导师的指导，定期进行专业对话和反馈，获取个性化的成长建议。

参加专业发展课程或研修班，提升自己的教学技能和知识，与同行共同学习和成长。

教学反思是教师专业成长不可或缺的路径。通过熟练掌握并运用科学的反思方法，教师可以不断提升自身的教学水平与专业素养，为学生的全面发展和教育目标的实现提供更好的支持。

附 六年级下册第五单元思辨性阅读与表达实践研讨教学反思

悟理求真·思辨致远
——统编版小学《语文》六年级下册第五单元教学反思

1. 备课思路回顾

统编小学《语文》六年级下册第五单元的人文主题是"科学精神"，单元语文要素是"体会文章是怎样用具体事例说明观点的"和"展开想象，写科幻故事"。教材编排了《文言文二则》《真理诞生于一百个问号之后》《表里的生物》《他们那时候多有趣啊》四篇课文，旨在引导学生通过阅读学会逻辑清晰、有理有据地进行表达，并借助口语交际"辩论"培养学生的理性思维和表达能力。此外，教材还编排了语文园地，对教学内容进行了补充和深化。习作"写科幻故事"是对单元主题的呼应，有助于引导学生关注科学知识和技术，培养科学精神，发挥想象力，遵循逻辑思维，进行个性化表达。

对标课程标准，本单元属于思辨性阅读与表达学习任务群。首先，在阅读理解上，学生对文章的阅读要经历从揣摩、品味、探究到理解、分析、概括的过程，从感性认知上升到理性归纳；其次，在学习表达方面，从有序表达、多角度表达、围绕中心表达到有逻辑的表达，符合学生思维发展的规律，与第三学段任务群"学习有理有据地口头或书面表达自己的观点""体会猜想、验证、推理等思维方法"的要求是一致的。

结合课标要求和提示，在设计教学时，笔者遵循大单元教学的理念，注重整体规划与局部实施的有机结合，力求在知识技能的广度与深度上实现平衡，在素养导向的课堂教学中落实语文学科立德树人的育人要求。

2. 教学亮点梳理

在实际的课堂教学中，笔者运用单元教学设计展开教学实践，基本达成了教学目标，取得了不错的成效，体现出以下几个亮点：

（1）主题统领，整合内容。

教学中，我们明确了"科学精神"这一核心主题，将《学弈》《两小儿辩日》

《表里的生物》《真理诞生于一百个问号之后》几篇课文视为一个整体，分析每篇课文如何从不同角度体现科学精神。引导学生通过对本单元学习内容的理解、分析、概括，了解科学发现的思维过程，学习"用具体的事例来论证观点"这一表达方法，将课文的学习与口语交际"辩论"相融合，培养学生在生活中运用思维解决问题的能力，学会有条理、重证据地表达。为了更好地发挥教材的价值，我们对教材内容进行重新整合，除了课文与口语交际的联系，还注重语文园地的前置教学与其他部分的勾连组合，例如在单元教学伊始，带领学生学习语文园地的"交流平台"，回顾六年来学习语文所积累的学习习惯，并将这些学习习惯运用于接下来这个单元的学习中，让学生带着原先的基础和准备进入学习，提高学习的效果。此外，本单元的第四篇课文《他们那时候多有趣啊》是一篇科幻小说，与单元习作"插上科学的翅膀飞"联系紧密，因此将其作为习作的范文，引导学生关注文章的写法，在思考迁移中完成科幻故事的编写。

总之，大单元视角下的教学更加强调核心素养导向，强调充分挖掘教材并合理安排教学内容。这便需要我们在深入解读教材之后构建单元整体教学框架，带领学生走进去学、走出来用。

（2）巧设情境，任务驱动。

《义务教育语文课程标准（2022年版）》提出，要"创设真实而富有意义的学习情境，凸显语文学习的实践性"。新课标多次强调"情境"，提倡让学生在解决真实任务的过程中完成语文学习。在真实情境下创设任务，驱动学生进行自主建构，形成和发展知识技能，才能有效培养学生的核心素养。基于课标和教材解读，立足教学目标，联系真实的校园生活，我们创设了学校开展"科学周"的情境，设计了"科学小讲坛——科学之光初体验""科学阅读营——科学表达有理据""科学表达营——科学思辨成果展"等学习任务，鼓励学生在第五单元的学习中完成任务赢得奖章，争得"科学小达人"的荣誉称号，推动学生在言语实践中深化对科学精神的理解与应用。

借助一系列的情境任务，结合作业设计提供有效的支架，引导学生展开自主探究与合作学习，使学生能够高效地开展知识探究活动，提高探究能力与综合学习能力，助力学生语文学科核心素养的形成。

（3）评价先行，以评促学。

激活学生的言语欲求及其主观能动性是语文教学的归宿，而评价发挥着这样的作用。为了更好地发挥评价的导向与发展功能，备课组针对以下几点设计评价：

①任务情境的评价。在大单元教学中提倡"评价先行"，教师需要提前确定评价标准，并让学生在正式学习之前了解这些评价标准，以便于学生能够展开更有针对性的学习，取得更好的学习效果。教学伊始，我们就带领学生进入"科学周"的情境，让他们了解接下来的学习任务和评价标准，以"科学章"这一评价符号驱动学生的过程性探究。最后，"科学小达人证书"使得整个情境形成闭环，给予学生结果性的评价，对单元学习进行总结。

②评价量表的运用。为了达到"以评促学"的效果,教师还需要依据评价标准对学生在各阶段中的学习成果进行检验,引导学生展开自我评价与小组互评,促使学生获得更加全面而客观的评价。本单元每个环节的学习都有对应的评价量表,给予学生明确的指令和标准。例如在《真理诞生于一百个问号之后》一课中,对课文朗读、生字书写、练笔表达都做了明确的要求,学生通过观察评价量表,可以清晰地知道自己要做什么、要如何做、做得怎么样,真正实现"在做中学"。

3. 教学改进反思

纵观整个单元的教学,基本上达到了预设的目标和效果,但还存在一些不足,需要继续改进:

(1) 时间管理需优化。大单元教学涉及内容多、活动丰富,部分学生在时间管理上显得力不从心,导致部分任务完成质量不高。未来教学中应更精细地规划时间节点,给予学生提示和督促,确保每项学习活动都能充分展开且高效完成。

(2) 个性化指导需深化。在小组合作中,部分学生的个性化需求未能得到充分满足,未来应加强对学生的个性化分析,提供差异化的教学指导和资源支持,将预习环节和课后辅导做得更加扎实,确保每位学生都能在原有基础上获得最大发展,让不同学习层次的学生都能够得到同步提升。

(3) 反思与总结环节不足。虽然重视了过程性评价,但在单元学习结束后的整体反思与总结环节略显薄弱。应增加专门的反思课或小组讨论时间,引导学生对自己的学习态度、成果收获、小组协作表现、改进方向及策略等进行深刻反思,巩固学习成果,提升学习能力。

总之,本单元的备课、教学实践是一次有益的尝试,通过主题统领、任务驱动、以评促学等方式,有效推进了学生语文素养和科学精神的培养。未来,我们将继续深耕细研,优化教学策略,落实提质减负,为学生的全面发展奠定坚实基础。

四、教学研究与教育创新

教学研究与教育创新是教育领域中持续推动教学质量提升和教师专业发展的重要动力。随着《中国教育现代化2035》等教育部最新政策文件的发布,以及新时代对教师专业发展需求的不断变化,传统的教学模式已难以满足现代教育的需求。在 AI(人工智能)的影响下,数智赋能教学、创新教学已成为趋势。因此,教师需要积极参与教学研究,不断探索教育创新,以适应时代的变化,满足学生的多样化需求。

1. 教学研究的重要性

教学研究是教师对教学实践进行深入探究的过程,它有助于教师发现教学中存在的问题,理解学生的学习需求,以及探索更有效的教学方法。在数智化时代,教学研究更显得尤为重要。通过教学研究,教师可以系统地收集和分析教学数据,利用数智化工具评估教学效果,从而为自己的教学实践提供科学依据。同时,教学研究还可以促进教师之间的交流和合作,共同推动教育的发展。

2. 教育创新的必要性

教育创新是指在教育实践中引入新的理念、方法或技术，以改进或优化教育过程，提高教育质量。在快速变化的社会环境中，尤其是在 AI 的影响下，教育创新显得尤为重要。通过教育创新，教师可以打破传统的教学模式，利用数智化手段激发学生的学习兴趣和动力，培养他们的创新能力和批判性思维。同时，教育创新还有助于教师应对教育中的挑战和问题，推动教育的持续发展和进步。

3. 如何进行教学研究与教育创新

（1）关注教育动态与数智化趋势

教师应时刻关注教育领域的最新动态和趋势，了解新的教育理念、方法和技术，特别是数智化教学的最新进展。这可以通过阅读教育专业书籍、期刊和文章，参加教育研讨会和培训等途径实现。同时，教师还应关注 AI、大数据等技术在教育领域的应用，积极探索如何将这些技术融入教学中。

（2）反思教学实践与数智化应用

教师应定期反思自己的教学实践，总结经验和教训，发现教学中存在的问题和不足。在反思过程中，教师可以利用数智化工具收集和分析教学数据，更准确地了解学生的学习情况和需求。同时，教师还应反思自己在数智化教学方面的应用情况，探索如何更好地利用数智化手段提高教学效果。

（3）开展行动研究与数智化实验

教师可以针对教学中的具体问题或现象开展行动研究，通过收集数据、分析原因和制定改进措施来解决问题。在行动研究过程中，教师可以利用数智化工具进行数据采集和分析，更准确地了解问题的本质和原因。同时，教师还可以尝试利用数智化手段进行教学实验，探索新的教学方法和策略。

（4）尝试新的教学方法和技术与数智化融合

教师应勇于尝试新的教学方法和技术，如项目式学习、翻转课堂、在线教学等，并将这些方法与数智化手段相结合。例如，教师可以利用 AI 技术进行个性化教学，根据学生的学习情况和需求提供定制化的学习资源和指导。通过数智化与教学方法的融合，教师可以激发学生的学习兴趣和动力，提高教学效果和质量。

（5）与同行交流和合作共享数智化资源

教师应积极参与教研活动、学术会议等场合，与同行交流和分享自己的教学经验和研究成果。通过交流和合作，教师可以借鉴他人的成功经验和方法，共同推动教育的发展和创新。同时，教师还应积极分享自己在数智化教学方面的经验和资源，促进数智化教学的广泛应用和推广。

总之，在数智化时代的影响下，教学研究与教育创新已成为教师专业发展的重要方向。通过关注教育动态与数智化趋势、反思教学实践与数智化应用、开展行动研究与数智化实验、尝试新的教学方法和技术与数智化融合，以及与同行交流和合作共享数智化资源等途径，教师可以不断进行教学研究和教育创新，适应时代的变化和满足学生的多样化需求，推动教育的持续发展和进步。

参考文献

[1] 中华人民共和国教育部. 义务教育语文课程标准（2022年版）[S]. 北京：人民教育出版社，2022.
[2] 中共中央，国务院. 中国教育现代化2035 [Z]. 2019－02.
[3] 中共中央，国务院. 关于深化教育教学改革全面提高义务教育质量的意见 [Z]. 2019－06－23.
[4] 皮连生. 教育心理学 [M]. 上海：上海教育出版社，2004.
[5] 王荣生. 语文科课程论基础 [M]. 上海：上海教育出版社，2021.
[6] 林崇德. 发展心理学 [M]. 北京：人民教育出版社，2009.
[7] 余文森. 核心素养导向的课堂教学 [M]. 上海：上海教育出版社，2017.
[8] 倪文锦. 语文核心素养视野中的群文阅读 [J]. 课程·教材·教法，2017.
[9] 崔允漷. 有效教学 [M]. 上海：华东师范大学出版社，2013－05.
[10] 叶澜. 教育概论 [M]. 北京：人民教育出版社，2006－06.
[11] 王鉴，徐立波. 教师专业发展：内涵与途径——以教师专业自觉为视角 [J]. 华东师范大学学报（教育科学版），2008，5（47）：3.
[12] 连榕. 教师专业发展 [M]. 北京：高等教育出版社，2019.
[13] 余胜泉，王阿习. "互联网＋"时代的教育供给转型与变革 [J]. 开放教育研究，2017（1）.
[14] 王荣生. 语文课程与教学内容 [M]. 北京：教育科学出版社，2015.
[15] 倪文锦，谢锡金. 新编语文课程与教学论 [M]. 上海：华东师范大学出版社，2006.
[16] 崔允漷. 基于课程标准的教学与评价 [M]. 上海：华东师范大学出版社，2007.
[17] 李松林. 单元主题教学的设计与实施策略 [J]. 中国教育学刊，2015（7）：50－55.
[18] 余琴. 基于核心素养的小学语文学习任务群教学实践探索 [J]. 语文建设，2018（18）：75－78.
[19] 王从华. 大单元教学的内涵、价值与实施路径 [J]. 教学与管理，2021（4）：47－50.
[20] 杨九诠. 核心素养与学习任务群 [J]. 当代教育科学，2017（5）：11－15.
[21] 张华. 论核心素养的内涵 [J]. 全球教育展望，2016，45（4）：10－24.
[22] 王宁. 语文核心素养与语文课程的特质 [J]. 中学语文教学，2016（11）：4－8.
[23] 徐鹏. 语文学习任务群的实施路径 [J]. 语文建设，2018（25）：8－11.

后　记

在本书即将付梓之际，心中满溢着感激与期待。首先，向"素养导向下基于小初衔接的语文深度阅读教学"课题研究组的所有成员致以最深的谢意。正是他们不懈的探索与实践，让这一领域的研究得以深化，为小初衔接阶段的语文教学开辟了新的路径。同时，也对广州市越秀区六年级语文中心组的所有成员表示衷心的感谢，他们的辛勤付出与宝贵建议，为本书的撰写提供了丰富的素材与坚实的支撑。

本书旨在探讨素养导向下，如何有效实施小初衔接的语文教学，以期为学生的终身学习奠定坚实的基础；力求为一线教师提供可借鉴、可操作的教学策略与方法。衷心希望此书能成为小初衔接阶段语文教师的得力助手，为教师在实际教学中遇到的困惑与挑战提供新的视角与解决方案。更期待它能成为一盏明灯，照亮学生在语文学习的征途，引导他们学会深度思考，享受学习语文的乐趣，从而在知识与素养的双重滋养下茁壮成长。

当然，我们也深知，任何研究与实践都不可能尽善尽美。因此，我们诚挚地欢迎来自各方的批评与指正。您的每一条建议，都将是我们继续前行、不断完善的重要动力。让我们携手共进，在教学研讨的道路上越走越远，共同为小初衔接阶段的语文教育贡献我们的力量。

最后，愿此书如同一座桥梁，连接起小学与初中的语文教学，更连接起每一位热爱语文、致力于提升学生核心素养的教育者的心。期待在未来的日子里，我们能够共同见证更多孩子在语文的天地里展翅翱翔。

刘敏

2024 年 12 月